KANT

JAN KUBÍČEK_fotografie/photographs

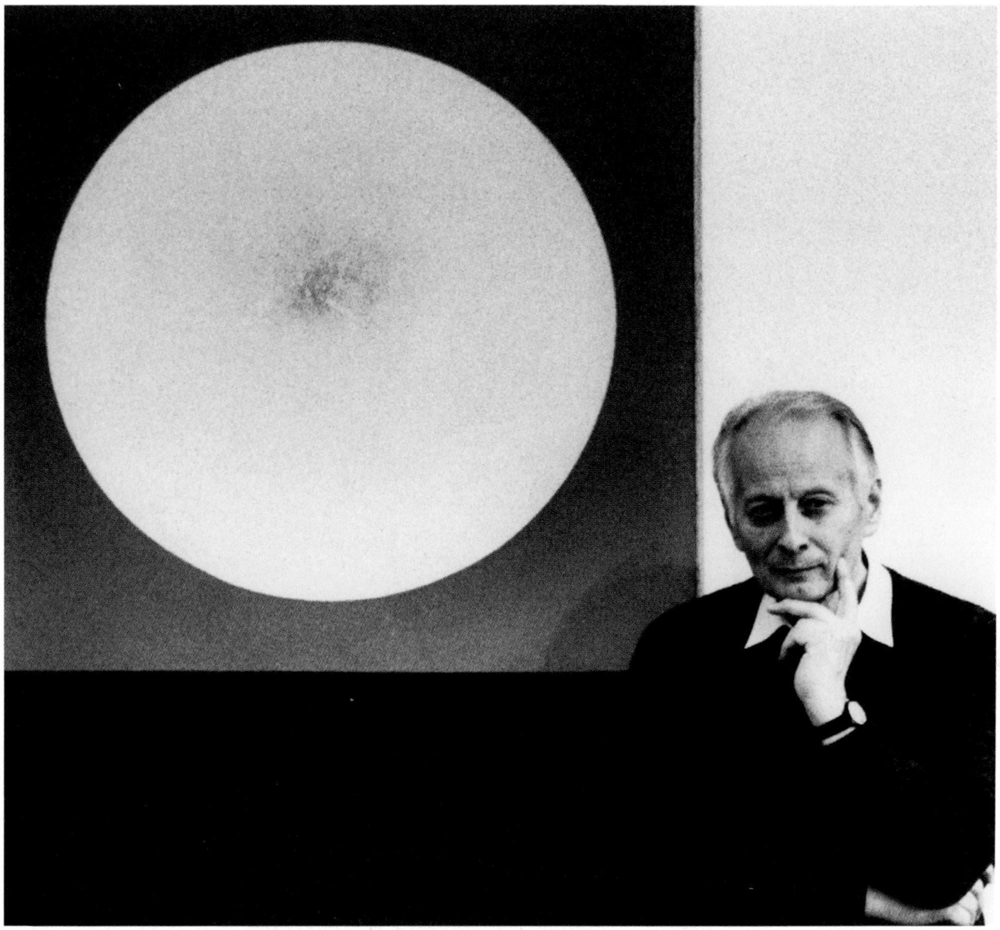

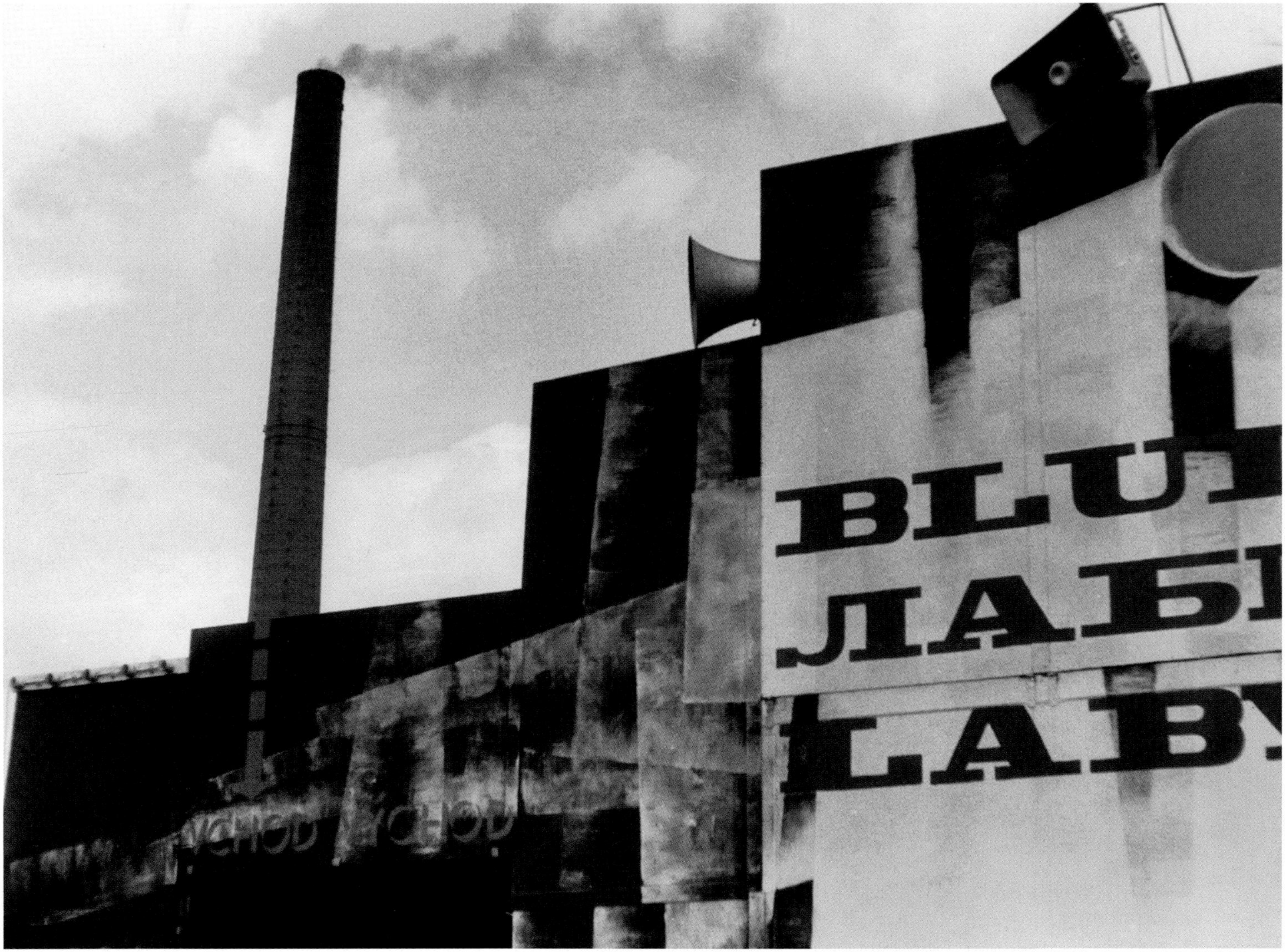

1978

Kasa vchod / Cash Desk Entrance

JAN KUBÍČEK_Helena Musilová

...prostředky, kterými jsem se snažil komunikovat, byly malířské a grafické. Zbývalo však mnoho z nádherného a podivného světa okolo nás, co jsem nemohl a ani nechtěl vyjadřovat pomocí malířského řemesla i myšlení, které se vyvíjelo jinak a jinam. Používal jsem tedy od počátku fotografický aparát, abych zachytil, co zbývalo z prožitků a vidění „navíc“ a co mohla fotografie zachytit. Podotýkám výtvarná fotografie, neboť jinak jsem o fotografii ani neuvažoval.

...the means by which I tried to communicate were painting and prints. But there remained much of the wonderful and strange world around us that I could not - nor did I want to - express using the craft of painting and its way of thinking, which developed differently and in a different direction. And so, from the beginning I used the photographic camera to capture those "extra" experiences and visions that could be captured by photography - fine-art photography, I should add, for I never thought about photography in any other way.

Jan Kubíček se narodil v Kolíně, ve městě svázaném s avantgardní fotografií dvacátých a třicátých let, tedy s dobou, která odvrhla manipulaci s negativy i pozitivy i piktorialistickou estetiku ušlechtilých tisků a s nadšením a vášní se vrhla do prozkoumání všeho autentického, co fotografické médium nabízelo. Zejména kolínská elektrárna a její charakteristický komín v radikálních diagonálách na fotografiích jiného kolínského rodáka Jaromíra Funkeho se stala téměř ikonou nové fotografie jako svobodného, tvůrčího média. A ať vědomě, nebo mimoděk, tohle všechno se podepsalo i na Janu Kubíčkovi a jeho vztahu k fotografii.

Kubíčkovi rodiče měli do počátku padesátých let v Kolíně koloniál, kde po znárodnění mohla jeho matka zůstat alespoň jako prodávající; otec už před válkou pracoval v Bayerových tiskárnách jako grafik. Jan i po přestěhování do Prahy zůstal svázaný s rodným městem a s kolínskou výtvarnou scénou, v roce 1953 zde v Městském muzeu v Kolíně proběhlo i jeho vůbec první veřejné vystoupení na dvojvýstavě s malířem a grafikem Jiřím Balcarem, dalším kolínským rodákem. V roce 1967 zde byla i jedna z jeho prvních samostatných autorských výstav.

Celoživotní tvorba Jana Kubíčka je pestrá a rozsáhlá; působil jako malíř, grafik a autor objektů, ilustrátor (zejména knih pro děti), fotograf a typograf, přední reprezentant české školy konstruktivního umění a zakladatelská osobnost české serigrafie. Kubíček se pohyboval v jednotlivých médiích přirozeně, s vědomím jejich specifik a jedinečných možností vyjádření. V jeho dílech je často vidět, jak určitý nápad, myšlenku, ideu prozkoumává a postupně zpracovává odlišnými technikami a přístupy. To mu zároveň umožňovalo reagovat na různé podněty, ať danými dobou a jejími osobitými vizuálními kvalitami nebo děním na umělecké scéně. Přes pestrost médií tvoří Kubíčkovo dílo integrální celek, na jehož počátku jsou díla ovlivněná strukturální abstrakcí a informelem, následně práce využívající lettrismus a záznamy městských struktur. Od začátku sedmdesátých let pak využívá „jazyk geometrie", jak s oblibou a často o Janu Kubíčkovi psal teoretik Jiří Valoch.

V takto ucelené a provázané tvorbě není jednoduché soustředit se pouze na jedno médium, nicméně fotografická tvorba si samostatnou pozornost určitě zaslouží. Fotografie se podobně jako kresba a malba objevuje v Kubíčkově tvorbě prakticky od jeho vstupu na výtvarnou scénu. Nejstarší dochované snímky jsou z druhé třetiny čtyřicátých let, nejmladší fotogramy z poloviny let osmdesátých, v té době Kubíček svou práci v temné komoře ukončil. A zároveň ve stejné době při pravidelné návštěvě v Kubíčkově ateliéru „objevil" Jiří Valoch, kurátor, teoretik a tehdy programový pracovník Domu umění města Brna, složky s fotografiemi a fotogramy a okamžitě domluvil výstavu, na které byly vůbec poprvé veřejnosti představeny. Odehrála se na jaře roku 1985 v Kabinetu fotografie Jaromíra Funka v Domě pánů z Kunštátu v Brně – Domu umění města Brna, text do katalogu napsal také Jiří Valoch. Výstava bezpochyby zaujala, ucelený soubor fotografií a fotogramů se díky kurátorovi sbírky fotografie Antonínu Dufkovi dostal velmi rychle do Moravské ga-

1978
Bludiště Monte Carlo
/ The Monte Carlo Maze

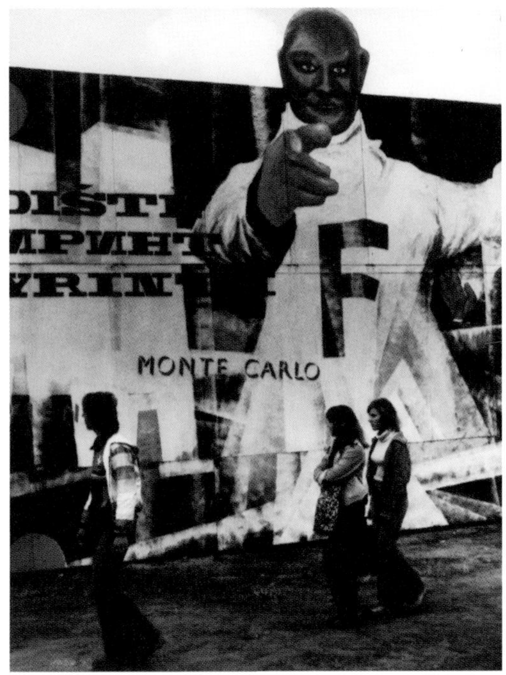

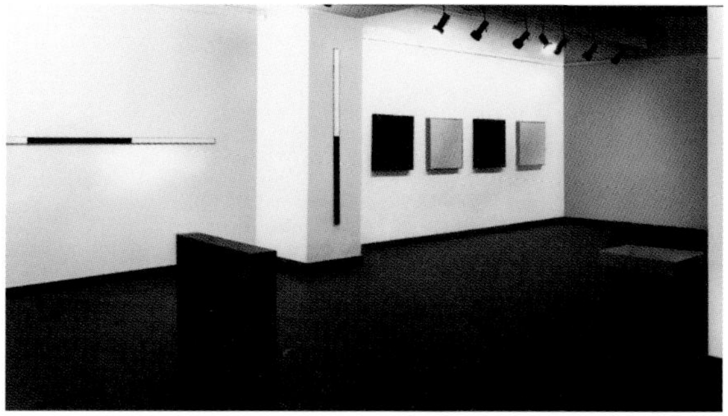

1969/70
Kubíčkova instalace
v Galerii Václava Špály
v Praze
/ Kubíček's exhibition at
the Václav Špála Gallery
in Prague

Jan Kubíček was born in Kolín, a town closely associated with the avant-garde photography of the 1920s and 1930s, an era that rejected the pictorialist aesthetic of fine art prints and the manipulation of both negative and positive, and instead enthusiastically embraced the exploration of everything authentic that the photographic medium had to offer. And so Kolín's power plant with its characteristic smokestack, as depicted in radical diagonals in the photographs of another of the city's natives, Jaromír Funke, practically became an icon of the new photography as a free and creative medium. Whether consciously or not, all this had an influence on Jan Kubíček and his relationship to photography.

Until the early 1950s, Kubíček's parents owned a general store in Kolín, where his mother was allowed to stay on as a sales clerk after nationalization. Before the war, his father had worked as a typesetter at the Bayer print shop. Even after moving to Prague, Jan retained his ties to his hometown and its art scene: His first exhibition (a joint exhibition with another Kolín native, the painter and printmaker Jiří Balcar) was held at Kolín's Municipal Museum in 1953, and one of his first solo exhibitions was held here in 1967.

Jan Kubíček's lifelong body of work is extensive and diverse. He worked as a painter, printmaker, illustrator (in particular for children's books), photographer, and typographer, and also created object art. A leading representative of the Czech school of constructive art and a founding figure of Czech serigraphy, Kubíček moved naturally among several media, with an awareness of each medium's specific qualities and unique expressive abilities. In his work, we often see how he explored and gradually processesed a certain notion, thought, or idea using a variety of techniques and approaches. In this way, he could respond to a various different impulses, including the latest developments on the art scene and the distinctive visual qualities of the era. Despite his of use a wide range of media, Kubíček's body of work forms an integral whole, starting with his early works influenced by structural abstraction and informel and followed by his Lettrist creations and his records of urban structures. In the early 1970s, he began to use the "language of geometry" – a phrase the theorist Jiří Valoch often used to describe Kubíček's works.

In such a comprehensive and interconnected body of work, it is not easy to focus on just one medium, and yet Jan Kubíček's photographic creations certainly deserve special attention. Like painting and drawing, Kubíček began working with photography practically from the beginning of his artistic career. His oldest surviving photographs date from the second third of the 1940s, and his most recent photograms were made in the mid-1980s, when he stopped working in the darkroom. Around this time, on his regular visits to Kubíček's studio, the curator and theorist Jiří Valoch "discovered" folders containing Kubíček's photographs and photograms. A curator for the Brno House of Arts, Valoch immediately arranged an exhibition, and so these works were first presented to the public in the spring

lerie v Brně, později i do Uměleckoprůmyslového musea v Praze nebo do Muzea umění Olomouc. Od té doby se fotografické práce Jana Kubíčka objevují ve většině publikací mapujících fotografii v českém poválečném umění. Kromě akademických dějin českého výtvarného umění je třeba zmínit zejména objevnou publikaci Zdenka Primuse *Umění je abstrakce* (Praha, 2003), důležité místo měly i na Kubíčkově retrospektivě v Galerii hlavního města Prahy v roce 2014 i v monografii Hanse-Petera Rieseho, která ji doprovázela, s kapitolou *Malíř a fotografie* od Kristýny Erbenové. Samostatně byly fotografie několikrát vystaveny, nejnověji například v roce 2016 v Galerii Josefa Sudka; zájem o ně dokládá i pozornost sběratelů z veřejné i ze soukromé sféry. Tato publikace je prvním ucelenějším shrnutím Kubíčkova fotografického díla. I když pouze na omezeném prostoru, přesto ukazuje šíři jeho fotografické činnosti a pochopení specifik média a vlastně i dlouhodobou lásku k němu.

Kubíčkova práce se světlocitlivým materiálem je poměrně rozsáhlá a přesto, že ji Kubíček nevystavoval, hrála fotografie v jeho výtvarném uvažování nezastupitelnou roli. Velmi dobře ukazuje, jak pro systematického geometristu Kubíčka bylo občas potřebné vytvářet práce využívající intuici, nalezené motivy a struktury; fotografie byla jiným způsobem prohlížení světa. S ostatní tvorbou mají společný zájem o seriálnost, opakování určitého motivu či rytmus, stejně tak vytváření tematických cyklů či uzavřených sérií, což je dobře vidět ve srovnání s grafikou.

Jak několikrát Jan Kubíček zmínil, začal fotografovat v roce 1947, k charakteristice jeho profilu fotografa patří také to, že si vždy své snímky zvětšoval sám. I v době, ve které neměl ateliér vhodný k malování velkých obrazů, improvizovaná temná komora v koupelně existovala vždy. Kubíček experimentoval s různou intenzitou pozitivu, kromě černobílého zkoušel v řadě děl i hnědé tónování, výřezy; vytvářel fotogramy, fotomontáže... Vlastní proces vzniku fotografie byl stejně důležitý jako výsledek. Pro tuto publikaci bylo nakonec vybráno osm cyklů, které dobře ukazují, že jeho fotografie není jednolitý proud, ale že zahrnuje celou škálu přístupů, možností i provedení. V tvorbě Jana Kubíčka se střetávají nemanipulovaná fotografie, montáž a záznam určitého procesu, přímá fotografie vedle konceptuální. Až na dlouhodobý cyklus *Lunaparků* je většina Kubíčkových fotografií studií určitého spíše detailního, úzce zaměřeného výseku reality nebo procesu. Během šedesátých let se intenzivně věnoval nalezeným zátiším, a to ať grafickým (*Zdi a stěny,* 1960–1964), graficko-reliéfním (*Dekoláže z plakátovací plochy,* 1960–1964) nebo prostorovým (*Otcův dvorek; Objekty ze dvorku,* 1964–1975), později, v souladu s přechodem ke geometrické tvorbě, ho zaujala konceptuálnější práce s fotografickým materiálem – během akcí v komoře pomocí fotogramů zaznamenával různé fáze pohybu geometrických elementů (cyklus *Forma–akce,* 1984–1985) nebo je kombinoval s přírodními strukturami (*Geometrie–příroda,* 1985), zvláštní kombinaci představuje cyklus *Ruce* (1985).

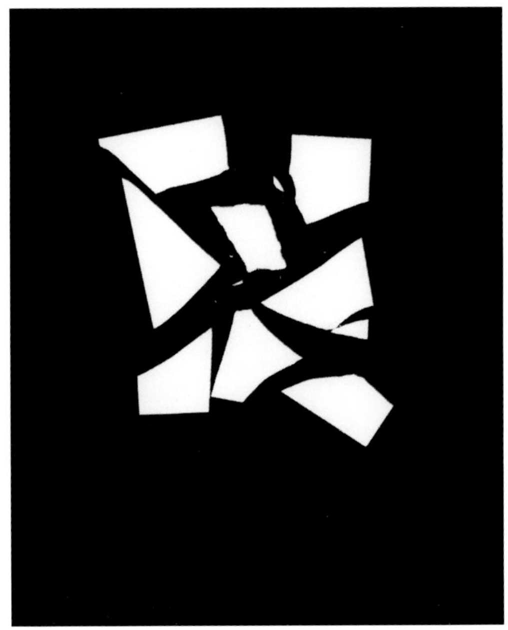

1984

Akce s keramickým čtvercem, fáze 1–2

/ Action with Ceramic Square, phases 1–2

fotogram / photogram 30 × 24 cm

1963

Zeď s číslem 11

/ Wall with the Number 11

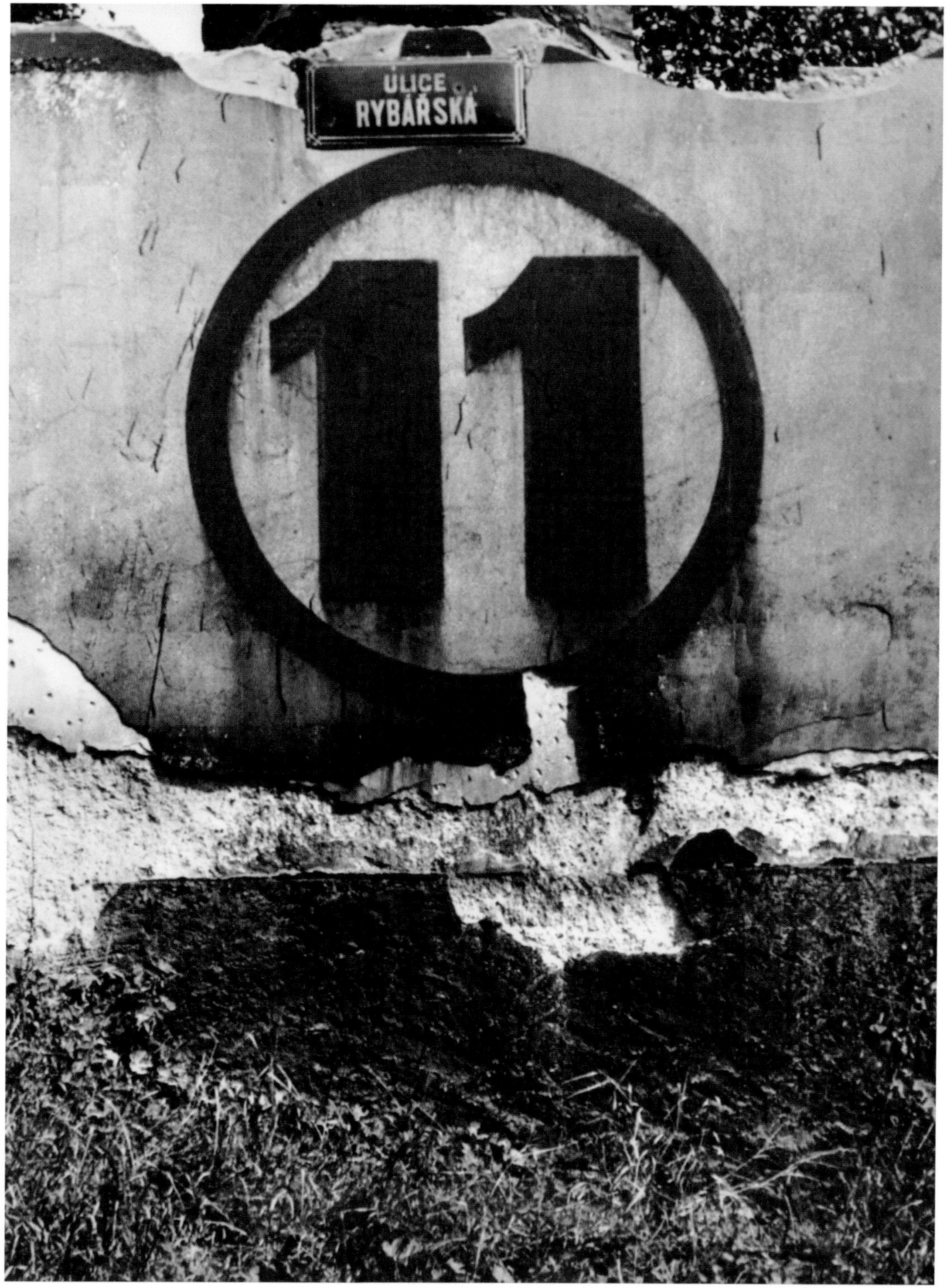

Snímky z cyklu *Lunaparky* vznikaly už od poloviny čtyřicátých let, tedy během studia na Státní grafické škole v Praze, kde byla fotografie zároveň jedním z vyučovacích oborů – krátce se tehdy potkal i s Jaromírem Funkem. Cirkusy, lunaparky, varieté a poutě nejrůznějšího typu milovala meziválečná moderna, představovaly jakýsi svět mimo čas a prostor, kombinující romantické dálky, nevšednost, iluzi svobody a volnosti, lidovou zábavu, ale i prázdné prostory periferie, obklopené továrními halami a sklady, kde se krásné přeludy skutečnosti odehrávaly. Dobře to vystihuje báseň Vítězslava Nezvala *Cirkus: Netrap se a všeho zanech / Tam v těch cirkusových stanech / pod lampami z karbidu / zapomeneš na bídu.* Kubíčkovy fotografie navazují na civilismus Skupiny 42, aniž by tvorbu jejích členů v té době znal. Zejména první práce tohoto cyklu jsou určitým osobním vyrovnáním se s koncem světa, jak ho znal z dětství a z válečných let. Kristýna Erbenová podotýká, že je v nich přítomné i svědectví o atmosféře rodného Kolína, Kubíček sám mluvil o oblibě „městského folklóru". K tématu lunaparků se pak Kubíček vrátil začátkem šedesátých let. Tyto snímky jsou jiné, je v nich již vidět autorovo výtvarné poučení, zejména na častém zapojení nalezených grafických prvků (kontrastní pruhy šapitó, struktura záchranné sítě, dynamika sušících se plachet), ale i písma na plakátech; snímky pracují s výraznější tonalitou. Některé motivy se blíží snímkům olomoucké skupiny DoFo, která podobně jako Kubíček nalézala kolem sebe poezii všedního dne a propojovala ji s výrazným výtvarným viděním, v jiných můžeme najít odraz op-artu a už je v nich předzvěst rodícího se zaujetí geometrickými strukturami.

K vizuálnímu odkazu Skupiny 42, způsobu a oblibě zobrazování městského prostředí, můžeme řadit i práce z cyklu *Zdi a stěny* (1960–1964) a *Dekoláže z plakátovací plochy* (1960–1964). Tento typ fotografií (fragmenty zdí, nalezené struktury, koláže, městská zátiší apod.) bývá nejčastěji řazen k informelu, ovšem v Kubíčkově případě je souvislost s informelem velmi volná. Jeho snímky plakátovacích zdí nenesou ani společenskokritický podtext, nevyjadřují obavu a strach z totalitní moci a nejsou ani formou materiálové abstrakce – což jsou nejčastější charakteristiky českého umění informelu. Kubíčkovi byla hlavním kritériem pro vyfotografování „malířskost" či „výtvarnost" určitého detailu. V něčem se přibližoval konceptu Vladimíra Boudníka (zdi jako umělecké galerie), který byl mimochodem jeho spolužákem z grafické školy. Ve fotografovaném námětu ovšem Kubíček nehledal surreální podtext, který je přítomný například ve formálně blízkých fotografiích Emily Medkové. Je nicméně zajímavé, že si tento krok do „říše fantaskna" dovolil v názvech některých obrazů, zmiňme například *Červený kontinent* (1954–1957), i když byl později přejmenován na neosobnější *Hnědou strukturu.* Překvapivě už v těchto fotografiích najdeme latentní zárodek procesuálnosti, která bude Kubíčka zajímat ve fotogramech – ve svém textu zmiňuje čas jako důležitou veličinu, která ho v souvislosti s plakátovacími stěnami zaujala. Právě fotografie nalezených zátiší a koláží daly základ Kubíčkovým kolážím a asamblážím – mohou k tomu odkazovat i některé

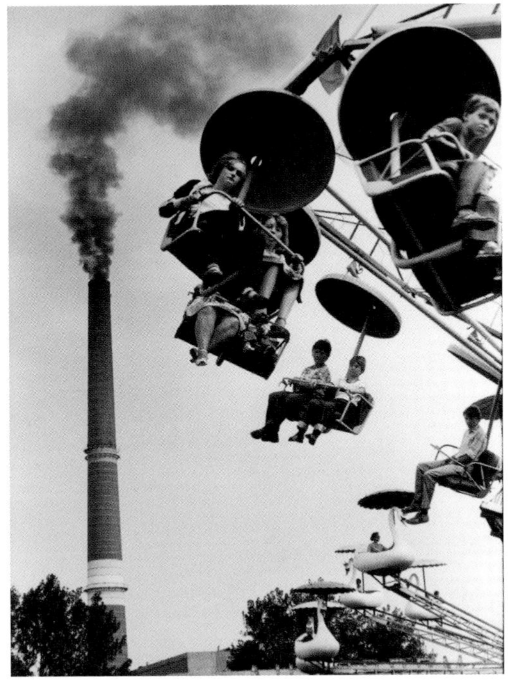

1978

Komín, gondoly a labutě

/ Smokestack, Gondolas, and Swans

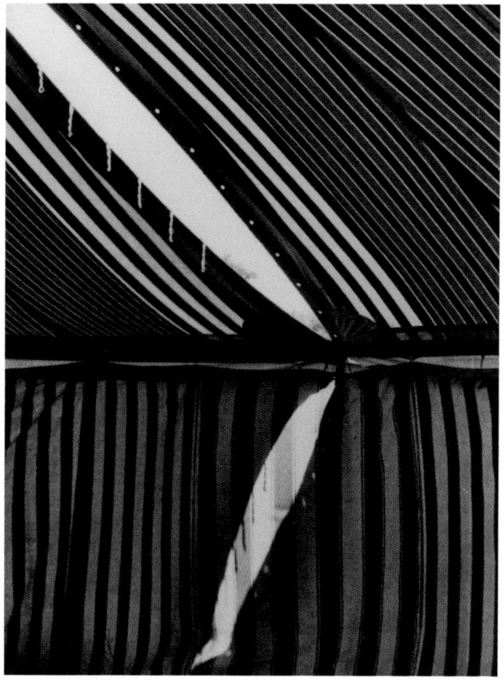

1960
Šapitó
/ Circus Tent

of 1985 at the Jaromír Funke Cabinet of Photography in Brno's House of the Lords of Kunštát (catalogue text by Jiří Valoch). The exhibition was a great success, and thanks to Antonín Dufek, curator of the photography collection at the Moravian Gallery in Brno, this comprehensive set of photographs and photograms was soon shown at the gallery, followed by the Museum of Decorative Arts in Prague and the Olomouc Museum of Art, among others. Since then, Jan Kubíček's photographic works have appeared in most publications tracing the history of photography in postwar Czech art. Besides academic books on the history of Czech art, these include Zdenek Primus's revelatory *Art is Abstraction* (Prague, 2003). They also featured prominently in Kubíček's 2014 retrospective exhibition at Prague City Gallery and in Hans-Peter Riese's monograph published in conjunction with the exhibition, which included Kristýna Erbenová's essay *The Painter and Photography.* His photographs have been shown at numerous solo exhibitions, most recently in 2016 at the Josef Sudek Gallery, and there is continued interest in them on the part of public as well as private collectors. This book represents the first comprehensive summary of Kubíček's photographic work. Despite its limited size, it shows the full breadth of his photographic activities, his understanding of photography's specific qualities, and his long-term love for the medium.

Kubíček's work with light-sensitive material is relatively extensive, and even though he never exhibited it, photography played a crucial role in his artistic considerations. It perfectly shows how the systematic geometrist Kubíček occasionally needed to create works using intuition and found motifs and structures. Photography offered a different way of looking at the world. Especially when compared to printmaking, it shared with his other work a sense of rhythm, the repetition of a particular motif, and the creation of thematic cycles or self-contained series.

As Jan Kubíček himself stated on several occasions, he began photographing in 1947 and one aspect of his profile as a photographer was that he always printed his own enlargements. Even when he lacked a studio suitable for the creation of large paintings, he always had an improvised darkroom in his bathroom. Kubíček experimented with various intensities of the positive print, and in addition to black-and-white also explored brown toning or cropping. He also created photograms and photomontages. The actual process of creating the photograph was as important as the final outcome. For this book, we have chosen eight cycles that show how his photographic work is not a uniform stream but instead includes a broad range of approaches, possibilities, and techniques. In Kubíček's work, we find unmanipulated photographs and photomontage alongside records of a particular process or action, and straight-forward photographs next to conceptual works. Except for his long-term series *Carnivals,* most of Kubíček's photographs are studies of a particular process or a detailed, closely focused segment of reality.

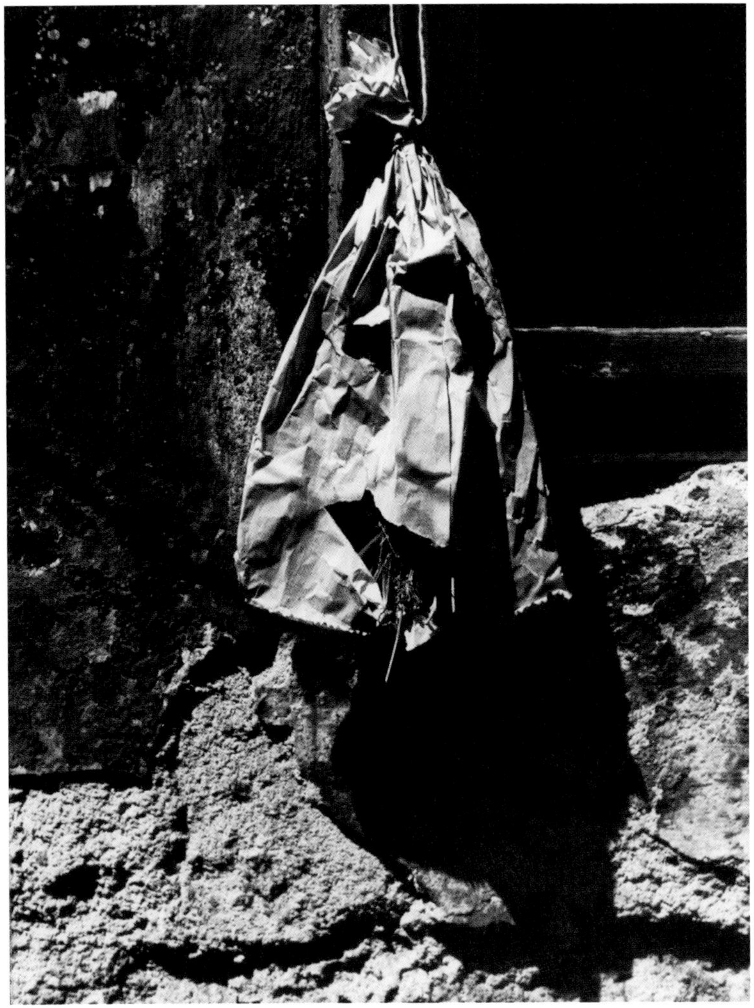

1964
Papírový strašák
/ Paper Scarecrow

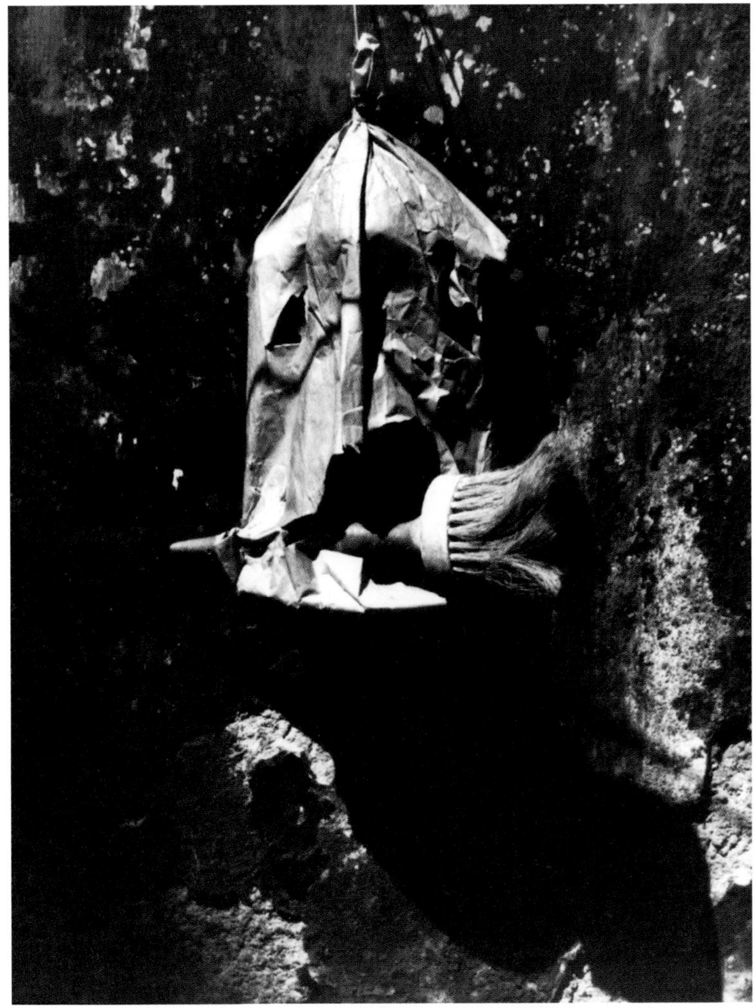

1964
Papírový strašák se štětkou
/ Paper Scarecrow with Brush

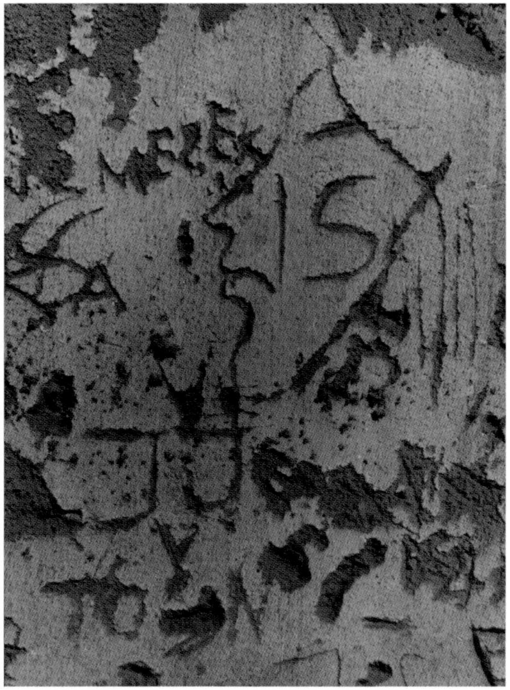

1963
Bez názvu (Dívka)
/ Untitled (Girl)

During the 1960s, he worked intensively with found still-lifes that were either text-based (*Walls,* 1960–1964), textual reliefs (*Décollages of Poster Walls,* 1960–1964), or found situations (*Father's Courtyard; Objects from a Courtyard,* 1964–1975). Later, in line with his transition to geometric art, he was drawn towards a more conceptual approach to the photographic material: While working in the darkroom, he worked with natural structures (*Geometry-Nature,* 1985) or used photograms to record various stages of motion of geometric elements (*Form-Action,* 1984–1985). One unusual combination in this regard is the series titled *Hands* (1985).

The first photographs from *Carnivals* date from the mid-1940s, when Jan Kubíček was still studying at the State School of Graphic Arts in Prague, where photography was one of the fields of study and where he briefly met Jaromír Funke. The interwar modernists loved all manner of circuses, carnivals, variety shows, and fairs, for they represented a world outside of space and time that combined romantic faraway lands, unusual situations, the illusion of freedom, a carefree life, and popular entertainment, and in addition were situated in the empty spaces of the urban periphery, surrounded by factories and warehouses, where the beautiful delusions of reality played out. Vítězslav Nezval perfectly captured these sentiments in his poem *Circus*: "There in the circus tents / Go and leave your worries behind / Beneath the carbide lamps / Put all your mis'ry out of mind." Kubíček's photographs follow in the footsteps of the civilism of Group 42 even though he was not familiar with the group's work at the time. Especially the first works from this cycle represent a kind of coming to terms with the end of the world as he had known it in childhood and during the war. Kristýna Erbenová points out that his photographs also bear witness to the atmosphere in his native Kolín, and Kubíček himself referred to his penchant for "urban folklore."

Kubíček revisited the subject of carnivals in the early 1960s, but these images are different. They reflect his artistic progression, in particular through the frequent use of found graphic elements (the contrasting stripes of the circus tent, the structure of the safety net, the motion of the drying tarpaulins) or the writing on the posters, and they work with a more distinct tonality. Some of the motifs recall the photographs of the Olomouc-based DoFo group, whose members, like Kubíček, discovered the poetry of everyday life all around them and combined it with a distinctive artistic style in which we can identify traces of op art and an augur of the emerging interest in geometric structures.

Other works that reflect the visual legacy of Group 42, including its penchant for and manner of depicting the urban environment, are the cycles *Walls* (1960–1964) and *Décollages of Poster Walls* (1960–1964). These kinds of photographs (close-ups of walls, found structures, collages, urban still-lifes, etc.) are usually classified as informel, although in Kubíček's case their connection to informel is quite loose. His photographs of poster-covered walls possess none of the most common characteristics of Czech informel: they lack any socio-critical

názvy (*Stěna s písmeny,* 1964), celkově mu pomohly ujasnit si některé skladebné principy, které ač vznikají náhodně, obsahují v sobě i přirozený rytmus a řád. Fotografie oscilují mezi bohatým optickým zážitkem a minimalistickým zátiším, tvořeným pouze několika fragmenty. Důležitým prvkem, objevujícím se na řadě fotografií, bylo písmo – ať ve formě cedulí, nápisů a rytin na zdech či v dekolážích ve zbytcích reklamních plakátů. Jak píše Jiří Valoch: *...z mnoha fragmentů vznikaly konfrontace obrazů a písma, „zahuštěná" poselství, z nichž se již vytratila aktuální informace a na její místo nastoupila obecněji platná informace o povaze komunikace ve městě a vizuální i sémantická atraktivnost nově vznikajících setkání. K tomu Zdenek Primus poznamenává, že nalezené, „nikomu neurčené písmové znaky" Kubíčka možná od roku 1965 přivedly na jeho geometrizující tvorbu.*

Podobný princip jako u *Zdí a stěn* a u *Dekoláží z plakátovací plochy,* tedy soustředění na určitý vizuálně zajímavý detail, použil Kubíček v cyklu *Dveře a dveře* (od 1965), který můžeme vřadit do širokého proudu děl různým způsobem prozkoumávajících možnosti geometrie. Většinu jeho geometrizujících děl lze obecně charakterizovat jako snahu o důkladné analyzování tvaru, rozkládání a skládání nových kompozičních sestav, fázování... To platí bezezbytku i o sérii *Dveře a dveře,* na kterou bychom mohli pohlížet také v tradici konceptuální fotografie manželů Becherových, zachovávající stejný, až neosobní přístup k fotografování zvoleného tématu, a zároveň jako na konstruktivistický prvek, který umožňuje mnoho variací ve výsledném řešení. I v tomto souboru Kubíčka zajímaly nejvíce ty snímky, kde docházelo k prolnutí více vizuálních prvků – písma, struktury chodníku, textury dveří a zdí.

Rok předtím vytvořil Kubíček pozoruhodný soubor *Objekty ze dvorku* (1964), fotografovaný na dvorečku kolínského domu jeho rodičů, kde se za mnoho let shromáždily nesourodé věci, vytvářející bizarní kombinace. Tato krásná nalezená zátiší navazují na řadu v Česku tradičně silné imaginativní fotografie, zmiňme Viléma Reichmanna, Emilu Medkovou – s nimi mají Kubíčkovy *Objekty* stejný, ze surrealismu vycházející pohled na obyčejné věci, které skrze fotografii transformují na zázračné. Do stejného prostoru se Kubíček vrátil v roce 1975. Soubor *Otcův dvorek* (1975) je odlišný, již v sobě nenese takovou imaginativní intenzitu, je spíše rozloučením. Jak píše Kristýna Erbenová, soubor je vyznáním k určitému prostoru a odkrývání jeho intimních poloh; název souboru je možné vnímat i jako dedikaci. V tomto cyklu je téměř materializován čas a konečnost života.

Po roce 1975 se Kubíček na čas fotograficky odmlčel a do temné komory se vrátil někdy kolem roku 1983, kdy paralelně vytváří dva odlišné soubory prací. V jedněch se vzdal použití fotoaparátu a zachycování předmětné skutečnosti, v druhých zaznamenává minimalistické výseky reality, drobná nalezená zátiší kombinující nalezenou strukturu či grafický prvek (čáry na ulici, okraj kanálu) s drobnou pří-

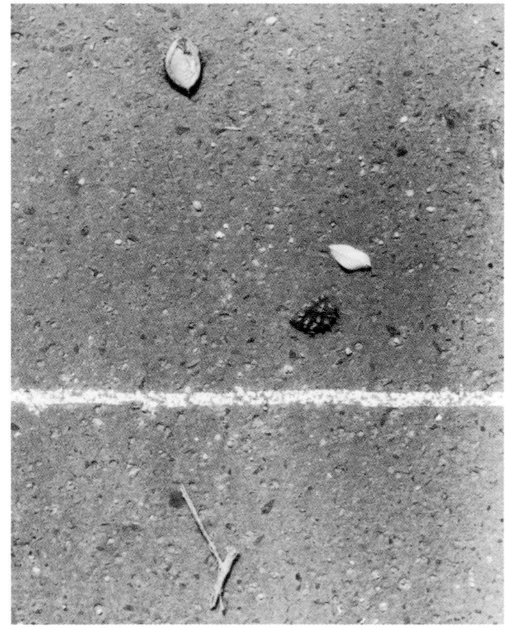

1985
Někde něco
/ Somewhere Something

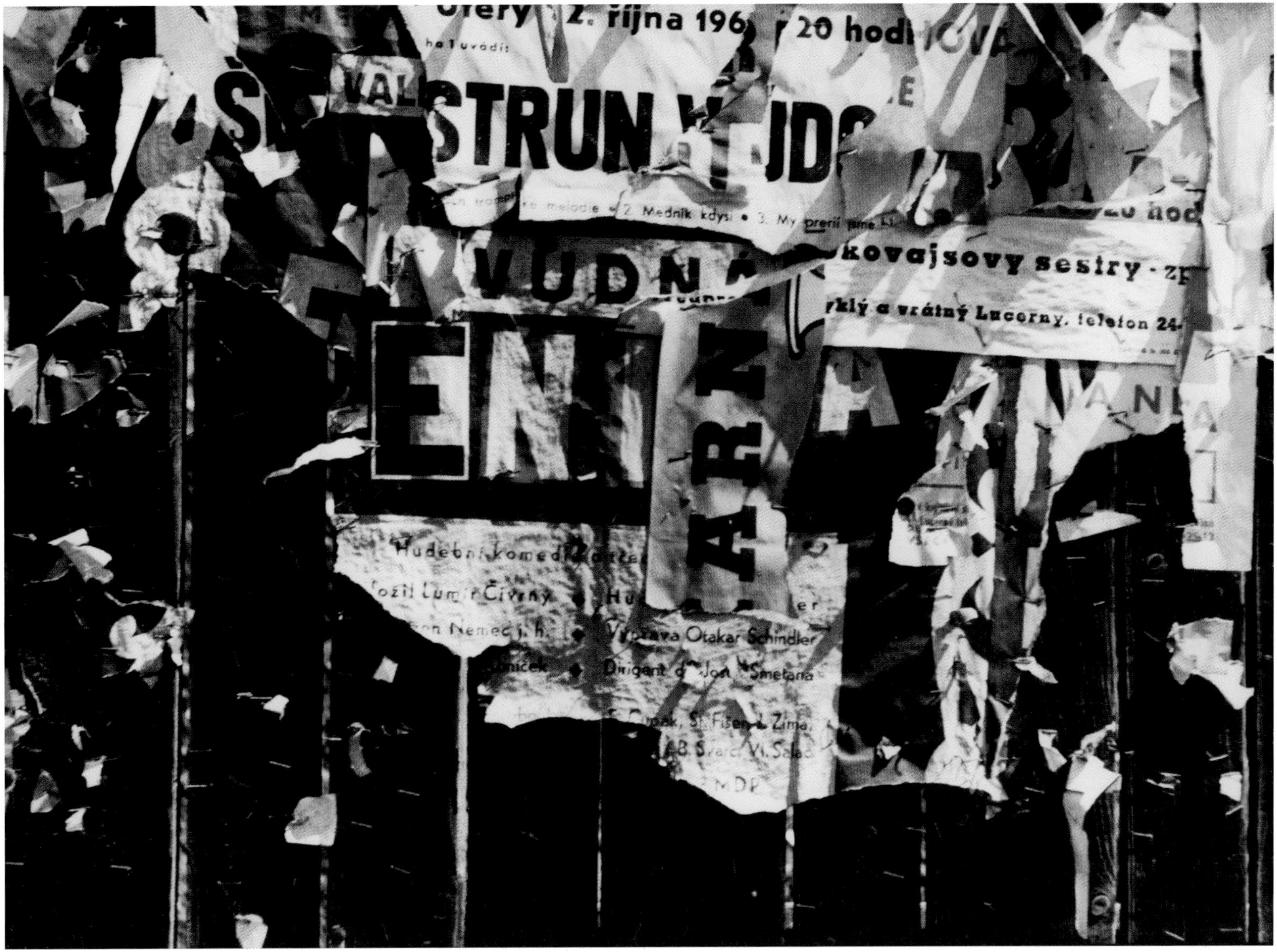

1962

Dekoláž EN

/ Décollage EN

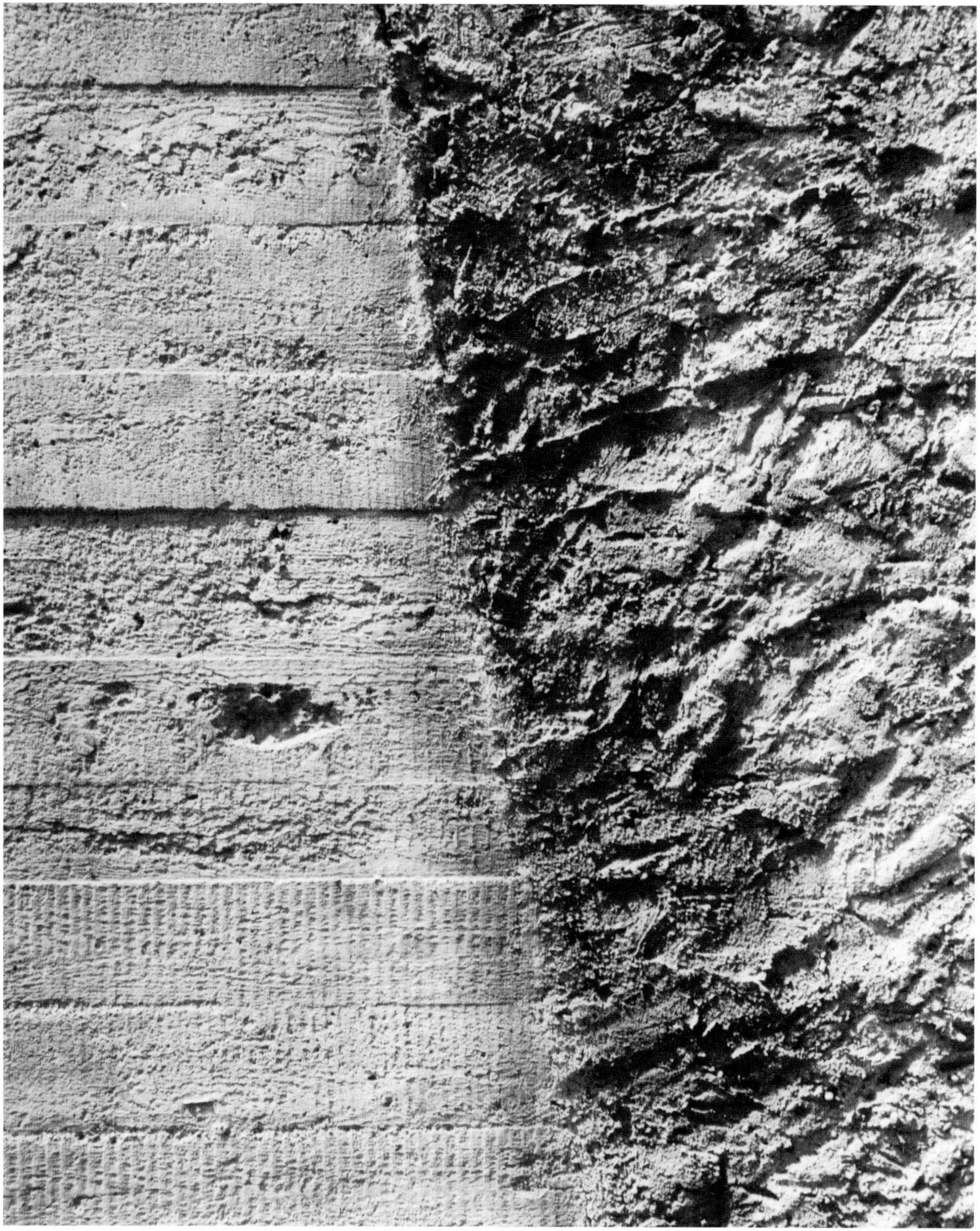

1985

Kontrasty, dělení (I)

/ Contrasts, Division (I)

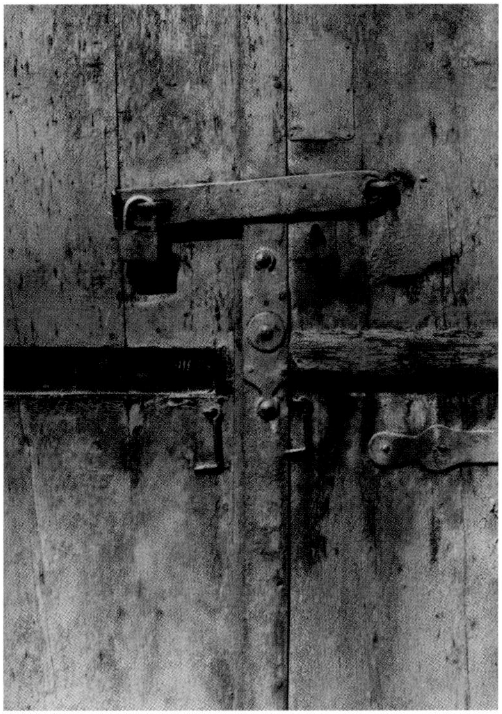

1978
Bez názvu
/ Untitled

subtext, they do not express any fear or dread of the totalitarian regime, and they are not material abstractions. Kubíček's main criterion for taking a picture was the "painterly" or "artistic" quality of a particular detail. In some ways, his photographs recall Vladimír Boudník's concept of the wall as an art gallery (in fact, Boudník and Kubíček studied together at the State School of Graphic Arts), but Kubíček was not looking for any surreal subtext of the kind found, for instance, in similar photographs by Emila Medková. It is nevertheless interesting that he took this step into the "realm of the fantastic" in the titles for some of his works – for instance, *The Red Continent* (1954–1957), although it was later renamed to the more impersonal *Brown Structure*. Surprisingly, even in these early photographs we find the latent seeds of processuality, which Kubíček later explored in his photograms. In his notes on his work, he writes that one important variable that captivated him in connection with poster walls was time. In fact, Kubíček's photographs of found still-lifes and collages formed the foundation for his collages and assemblages, as possibly reflected in the titles of some of his works (*Wall with Letters,* 1964). They also helped him to clarify certain compositional principles that, though created randomly, contain a natural rhythm and order. His photographs oscillate between vibrant visual experiences and minimalist still-lifes consisting of just a few fragments. One important element found in numerous images is writing – signs, placards, words carved in walls, or (in his décollages) the leftover letters from old advertising posters. According to Jiří Valoch, "the many fragments produced confrontations of letters and images, 'condensed' messages stripped of topical information whose place was taken by more generally valid information along the lines of communication in the city and the visual and semantic attractiveness of new encounters." And Zdenek Primus notes that "sometimes he found only 'script marks meant for no-one,' and this may be a reason why, from 1965, he embarked on works of a geometrical character."

Kubíček worked with an approach similar to one from *Walls* and *Décollages of Poster Walls* – i.e., concentrating on a particular visually interesting detail – in the cycle *Doors and Doors* (1965 and later), which can be included among his broad range of works that, in one way or another, explored the possibilities of geometry. Generally, most of his geometric works can be described as an attempt at a thorough analysis of shape, the decomposition and composition of new structures, phasing... This definitely applies to the series *Doors and Doors,* which can be seen as a constructive element that allows for multiple variations within the final solution, but can also be understood within the tradition of Bernd and Hilla Becher's conceptual photography, which took the same almost impersonal approach to photographing a particular subject. As in other series, in *Doors and Doors* Kubíček was most interested in those images that were characterized by the intertwining of multiple visual elements, such as text, the structure of the sidewalk, or the texture of doors and walls.

1985
Akce se čtvercem, fáze 1
/ Action with Square, phase 1
fotogram / photogram 24 × 18 cm

A year earlier, Kubíček created the remarkable set of photographs titled *Objects from a Courtyard* (1964), photographed in the courtyard of his parents' home in Kolín, where various assorted items had collected over the years to form bizarre combinations. These beautiful found still-lifes followed in the footsteps of the strong Czech tradition of imaginative photography, as represented among others by Vilém Reichmann and Emila Medková. Kubíček's *Objects* take the same surrealist-influenced view of ordinary items, transformed by photography into magical objects. Kubíček returned to the same place in 1975, but the new series, *Father's Courtyard* (1975) is different: It no longer possesses the same imaginative intensity, but is instead a farewell. According to Kristýna Erbenová, the series is a profession of Kubíček's feelings towards a particular space and an uncovering of its intimate areas. Its title can be seen as a dedication. With this series, Kubíček has given material form to time and the finality of life.

After 1975, Kubíček took a break from photography and did not return to the darkroom until around 1983, when he worked on two different series at the same time. In one, he neither used a camera nor attempted to capture objective reality, while in the other he recorded minimalist segments of reality, small-scale found still-lifes that combined found structures or graphic elements (lines on the street, the edge of a manhole cover) with bits of nature (a leaf, a bent twig). In *Somewhere Something* (1984–1985), Kubíček explored the "conflict" between the world of nature and the world of man as the two basic principles that influence events around us. But more important for his later photography were his works done without a camera, in which he printed various materials directly onto the paper in the darkroom. The resulting series of photograms, made in the spirit of his paintings and objects, allowed him to insert another element into the final outcome – chance. According to Jiří Valoch, "it is the relationship between order and the disruption of order, between a solid bounded structure or a structure and its disintegration, between the systematic arrangement of elements and their dislocation." In these work, perhaps the greatest role was played by free choice and the creation of a playful space for exhausting the many possible variations on the object's shape and motion: rotating, covering, falling. Kubíček's artistic approach, especially in the series *Form-Action and Form-Action (Transillumination)*, explored the characteristics of new groupings created by deconstructing the original shapes. Another important factor was the possibility for "counting" the individual layers that resulted from the layering of semi-transparent paper. It was something like the opposite of Kubíček's décollages from the 1960s. In the series, *Geometry-Nature* (1985), he combined photograms of natural objects with their transformation into geometric structures in which we can see a parallel to Jan Wojnar's *Grid Poems*. Wojnar was engaged in a similar exploration of the human and natural order as Kubíček, and both artists – at the same time, but independently from one another – achieved similar results, although they differed in form. Processuality and time are accentuated

rodninou (lístek, zkroucená větvička). Cyklus *Někde něco* (1984–1985) představuje zkoumání „konfliktu“ mezi světem přírody a světem člověka jako dvou základních principů ovlivňujících dění kolem nás. Závažnější pro Kubíčkovu další tvorbu ovšem byly fotografie bez kamery, které pracují s přímým otiskem materiálu různého typu a jsou vytvářeny přímo v temné komoře. Vznikla celá řada fotogramů, které navazují na Kubíčkovy obrazy a objekty a které umožnily do výsledného díla vnést další prvek – náhodu. Opět slovy Jiřího Valocha: *...je to vztah mezi řádem a jeho porušením, mezi pevnou, ohraničenou strukturou nebo strukturou a jejím rozložením, mezi systematickým uspořádáním prvků a jejich dislokací.* Snad největší roli zde hraje gesto svobodné volby a až hravý prostor pro vyčerpání mnoha možných variací tvaru a pohybu objektu – otočení, překrytí, pád. Kubíčkův výtvarný postup, zejména v sériích *Forma–akce a Forma–akce (Průsvit)* prozkoumává vlastnosti nových seskupení, vzniklých dekonstrukcí původních tvarů. Důležitá je i možnost „sčítání“ jednotlivých vrstev, vzniklá překrýváním polopropustného papíru. Je to jakýsi opak dekoláží z let šedesátých. V sérii *Geometrie–příroda* (1985) kombinuje fotogram určité přírodniny a její převod na geometrickou strukturu, v tom bychom mohli vidět určitý pandán *Mřížkových básní* Jana Wojnara, který se zabýval podobným zkoumáním lidského a přírodního řádu. Vůbec oba autoři, Jan Wojnar i Jan Kubíček, se nezávisle na sobě ve stejné době věnovali průzkumu téhož média a dosáhli podobných výsledků, ovšem formálně odlišných. Procesuálnost a prvek času je akcentován v krátkých cyklech se společným názvem *Akce* (*Akce s kruhem,* 1984; *Akce s listem,* 1984), v nichž je až explicitně rozvinuta určitá událost. Kubíčkovy *Fotogramy* jsou jedním z nejoriginálnějších příspěvků jak v rámci fotografie, tak umění geometrie.

V závěru Kubíčkovy fotografické tvorby, kterou paradoxně v zásadě uzavřela první fotografická výstava, stojí soubor *Ruce* (1985), který jako by shrnoval vše, co autor ve fotografii za několik desetiletí udělal. Je to soubor fotogramů, vkládajících do jednotného tvaru lidské ruky různé struktury, ať přírodní nebo geometrizující. *Ruce* můžeme chápat i jako určité vyjádření lidského uchopování okolního světa a jeho přetváření do uměleckého díla.

1985

Ruce 1–4 / Hands 1–4

fotogram / photogram 24 × 30 cm

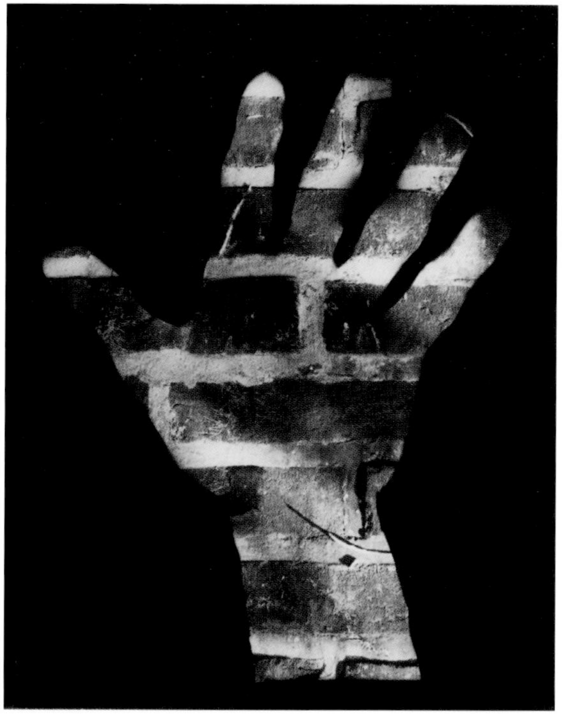

in the short cycles that Kubíček called *Actions* (*Action with Ring,* 1984; *Action with Leaf,* 1984), in which he explicitly developed one particular event. His photograms are among his most original contributions to photography and geometric art.

One of the last works in Jan Kubíček's photographic career, a career that paradoxically concluded with his first photographic exhibition, is the series *Hands* (1985), which seems to summarize everything that he did with photography over the decades. In this set of photograms, Kubíček arranged various structures (both natural and geometric) into she shape of human hands. *Hands* can be seen as expressing the human ability to grasp the world around us and reshape it into a work of art.

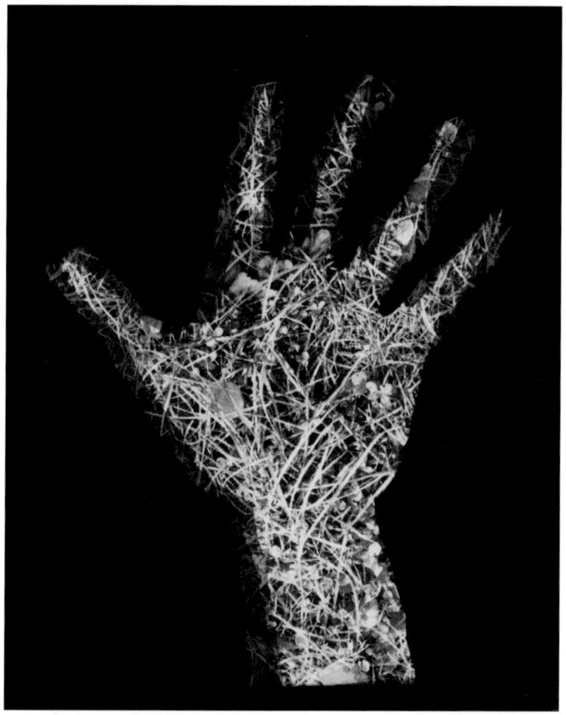

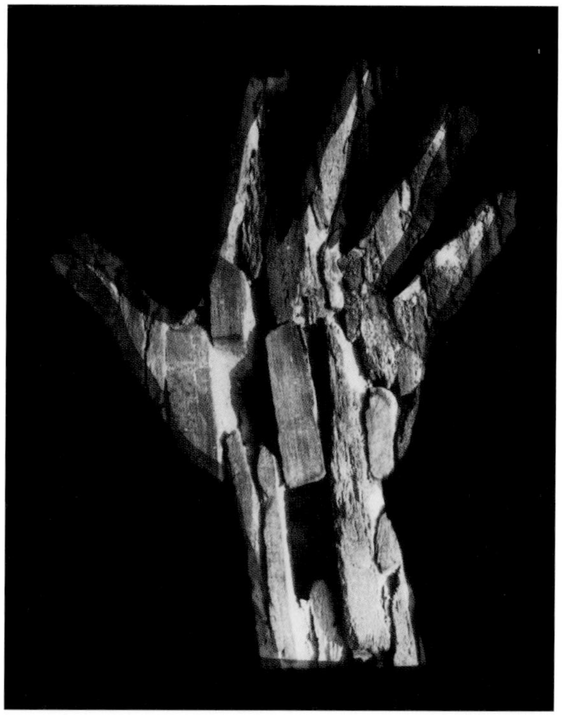

fotografovat: bílou vlající látku v ostrém postranním bočním slunci
na tmavém pozadí – změna formy – ta nejprimitivnější

take picture of: billowing white fabric set against a dark background and
illuminated from the side by bright sunlight – change of form – the most primitive

fotografovat
stojící [illegible]
v obřeku pochopení
bičování slunce —
na tmavém pozadí
změna formy —

[illegible]

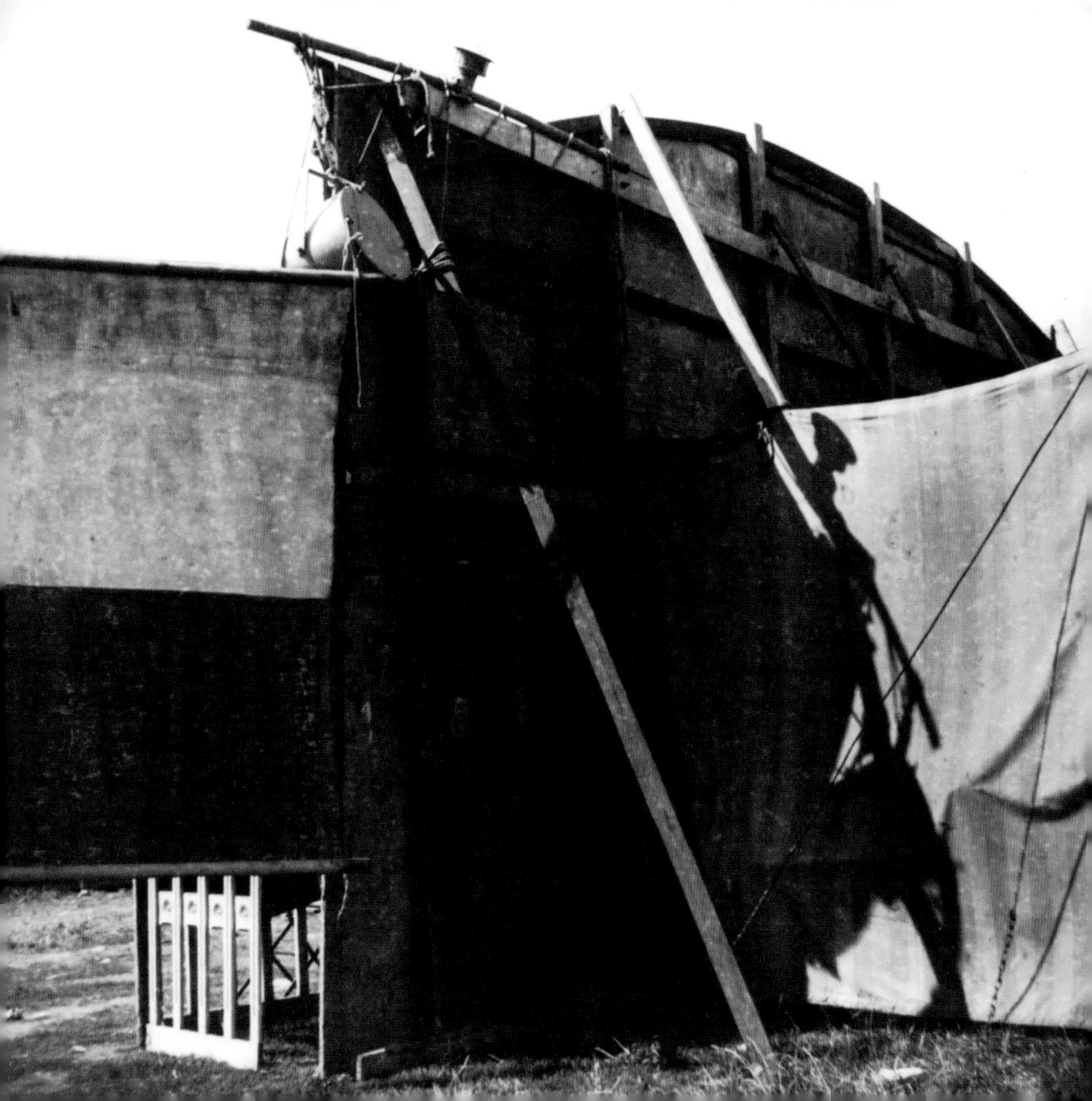

Lunaparky_1947–1983

Předposlední neděle v srpnu připadá kolínskému posvícení. Na louce u lázní jako vždy lunapark. Šel jsem tam kolem poledne. Spíš ze setrvačnosti než ze zvláštního zájmu nebo okouzlení, které mne před lety přitahovaly a nutily fotografovat. Ale podivné: náhle, znovu, v tom prudkém slunci a stínech končícího léta zase vše dostávalo obrysy zvláštního snového reje, shluků lidí, rámusu, cikánů, moderní techniky v kontrastu ke splínu zašlé romantiky. Vzal jsem aparát a znovu fotografoval. Zdálo se mi neskutečné, že toto divadlo ještě vůbec existuje.

Carnivals_1947–1983

The penultimate Sunday in August is the time of Kolín's town fair. As always, there's a carnival on the meadow by the baths. I went there around noon, more out of habit than out of a special interest in the sense of enchantment that attracted me years ago and incited my need to photograph. But strangely: all of a sudden, again, in the harsh sun and shadows of late summer, everything once again took on the contours of a strange and dreamlike whirling. The clusters of people, the din, the gypsies, modern machinery contrasted with the melancholy of bygone romanticism. I picked up my camera and took pictures again. It seemed unreal to me that this theater even exists anymore.

1947

Polední zátiší / Noontime Still-Life

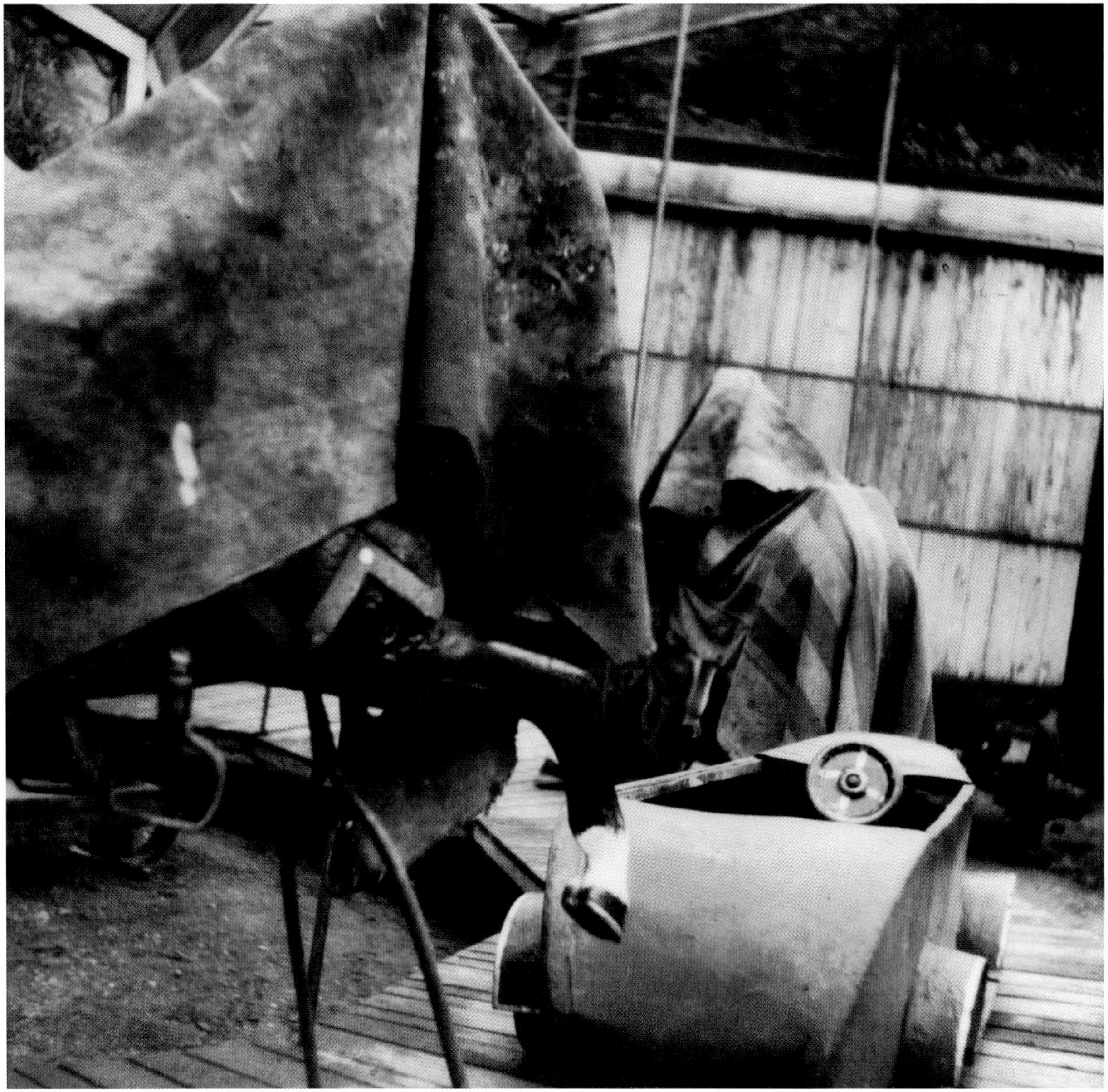

1951

Kolotoč spí / The Carousel Is Sleeping

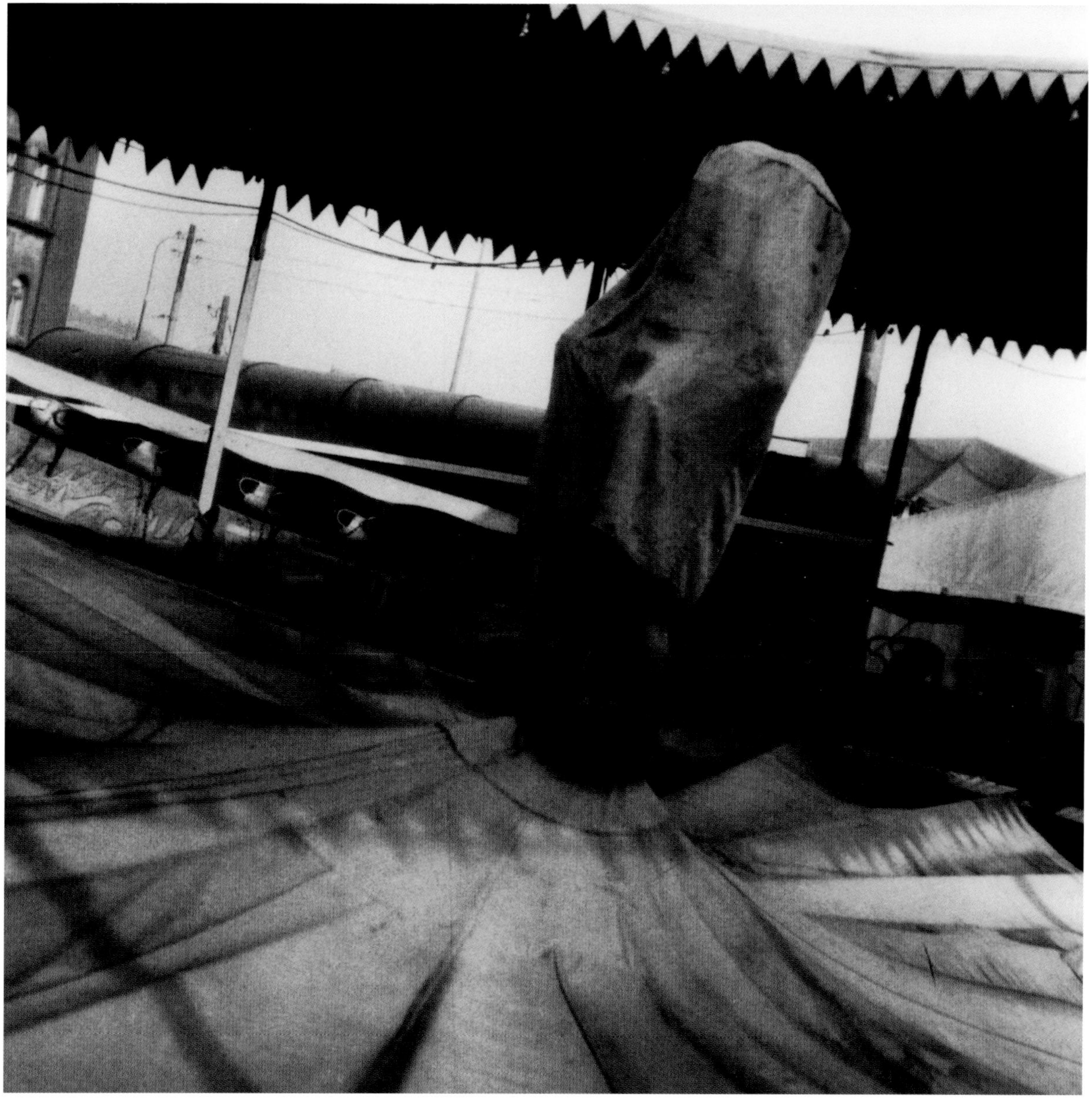

1951

Kolotoč spí / The Carousel Is Sleeping

1961

O přestávce / Break Time

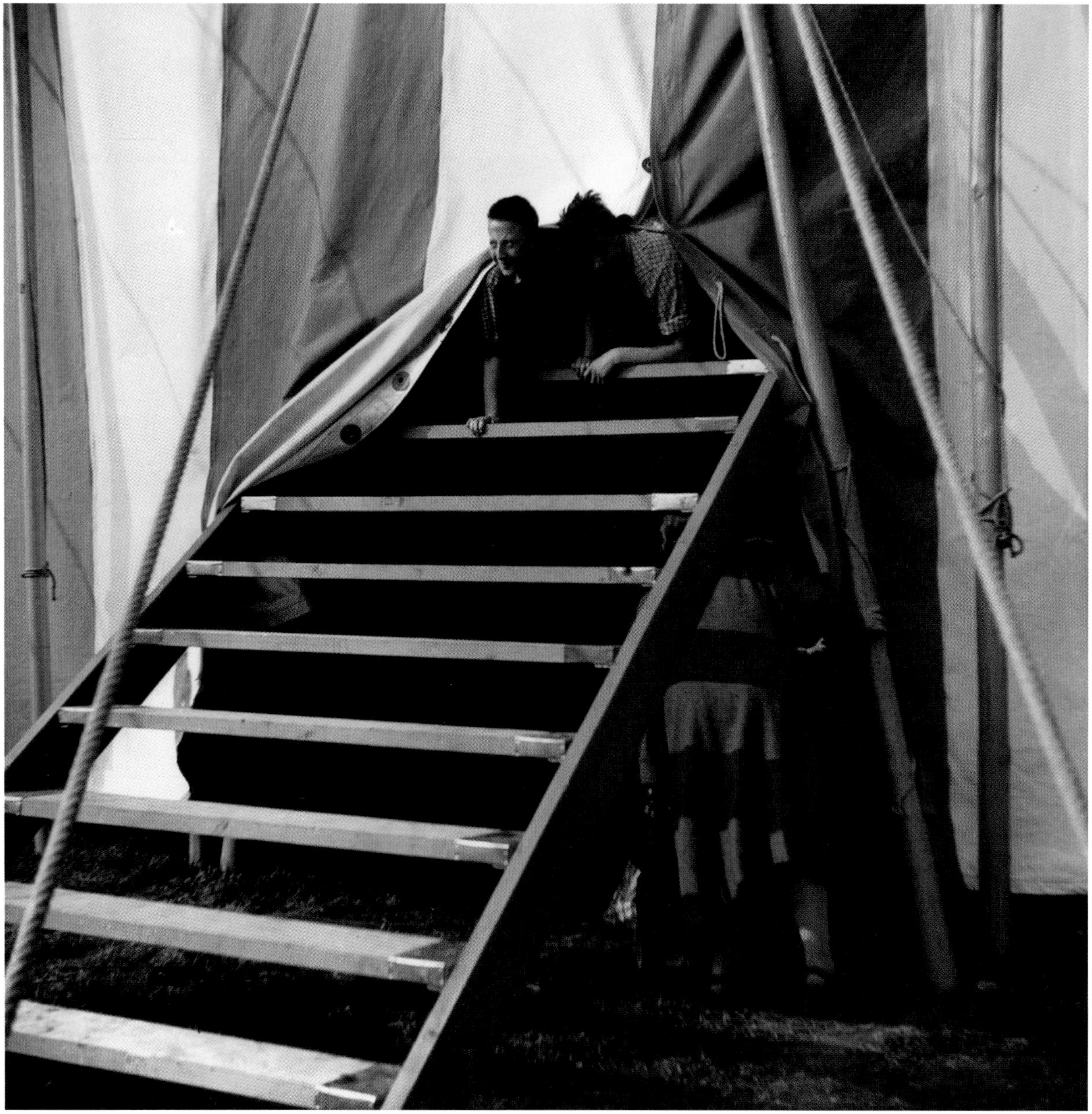

1961

Cirkusový stan a šapitó / Circus Tent

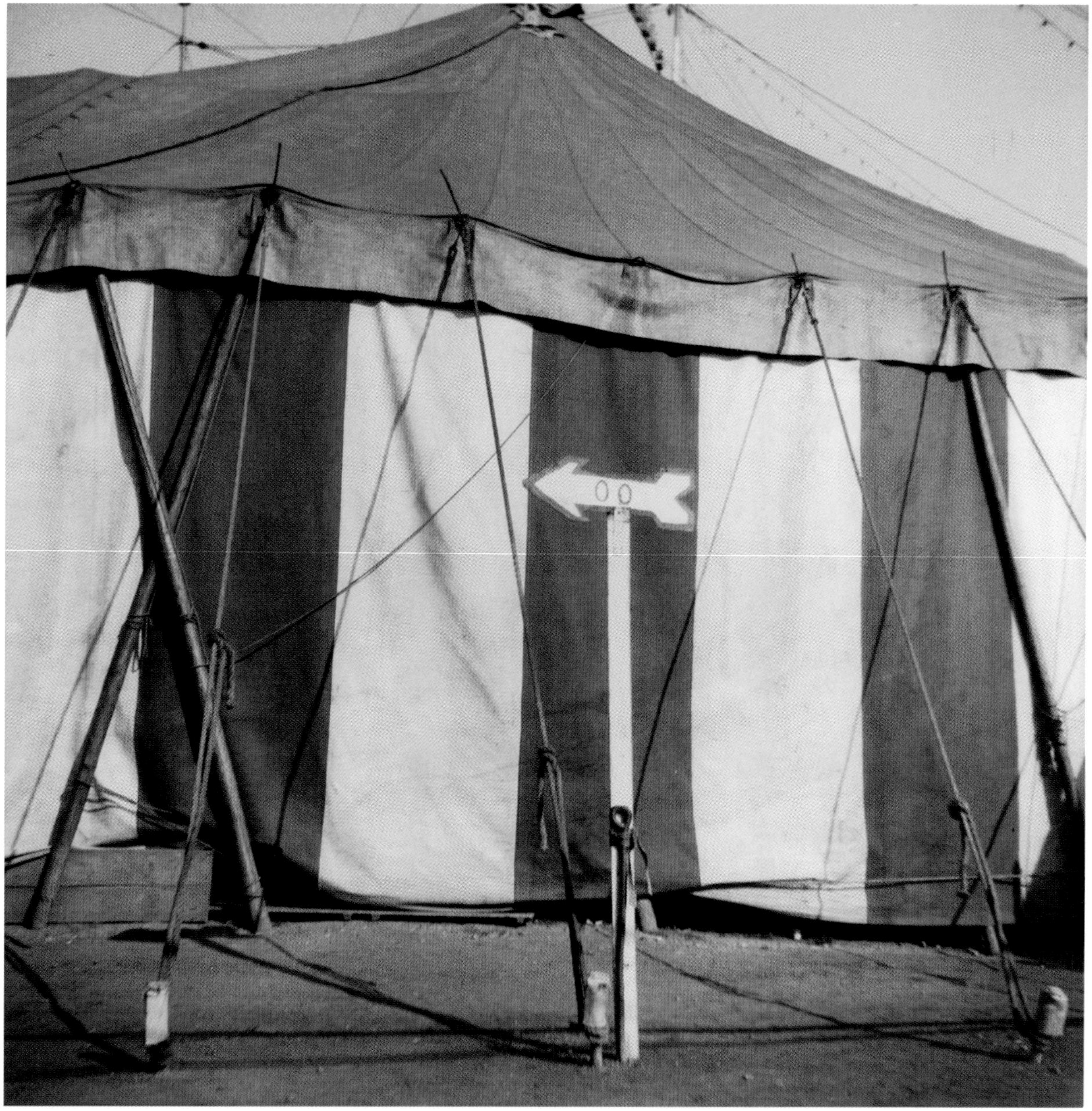

1950

Snění / Dreaming

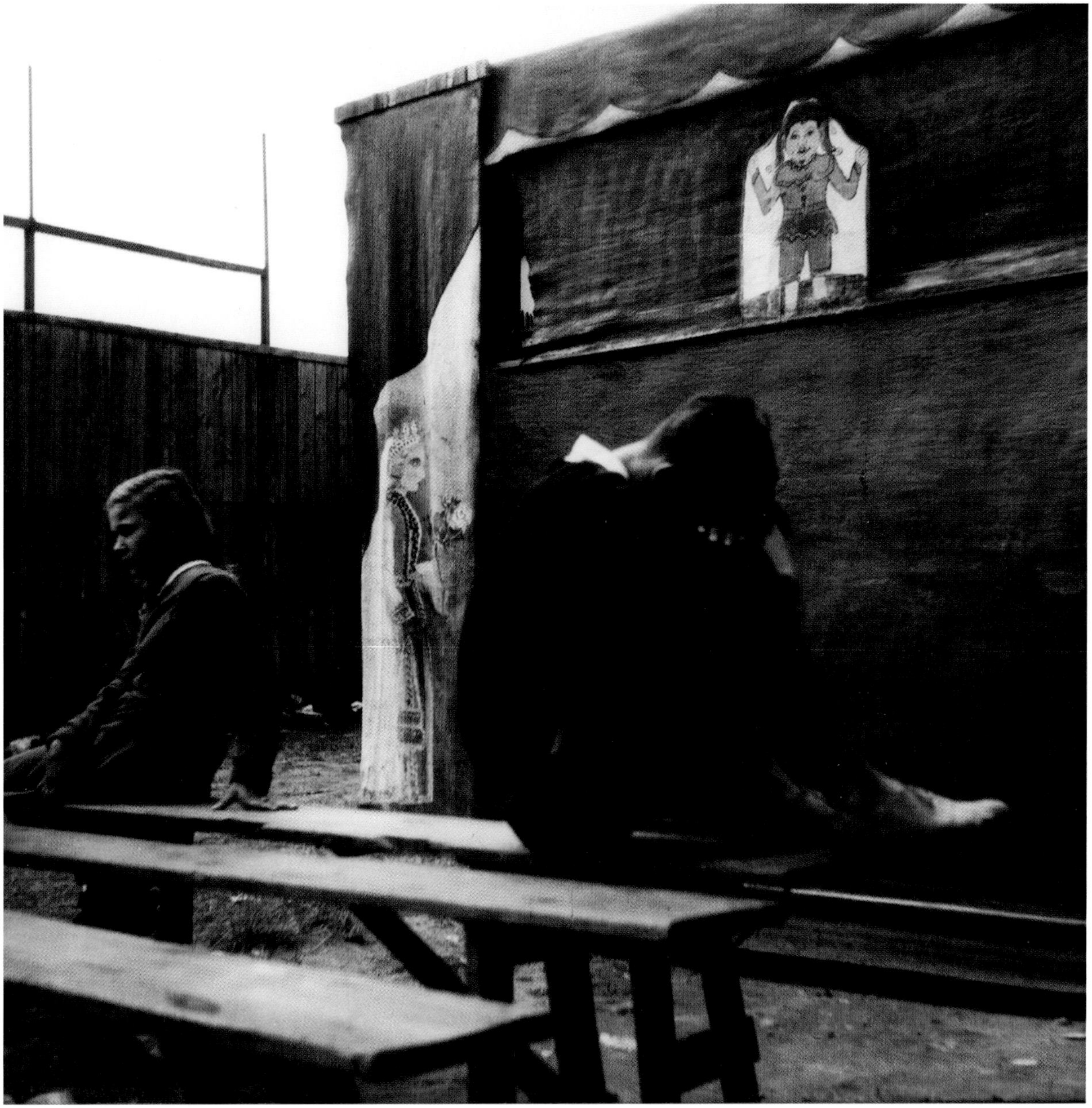

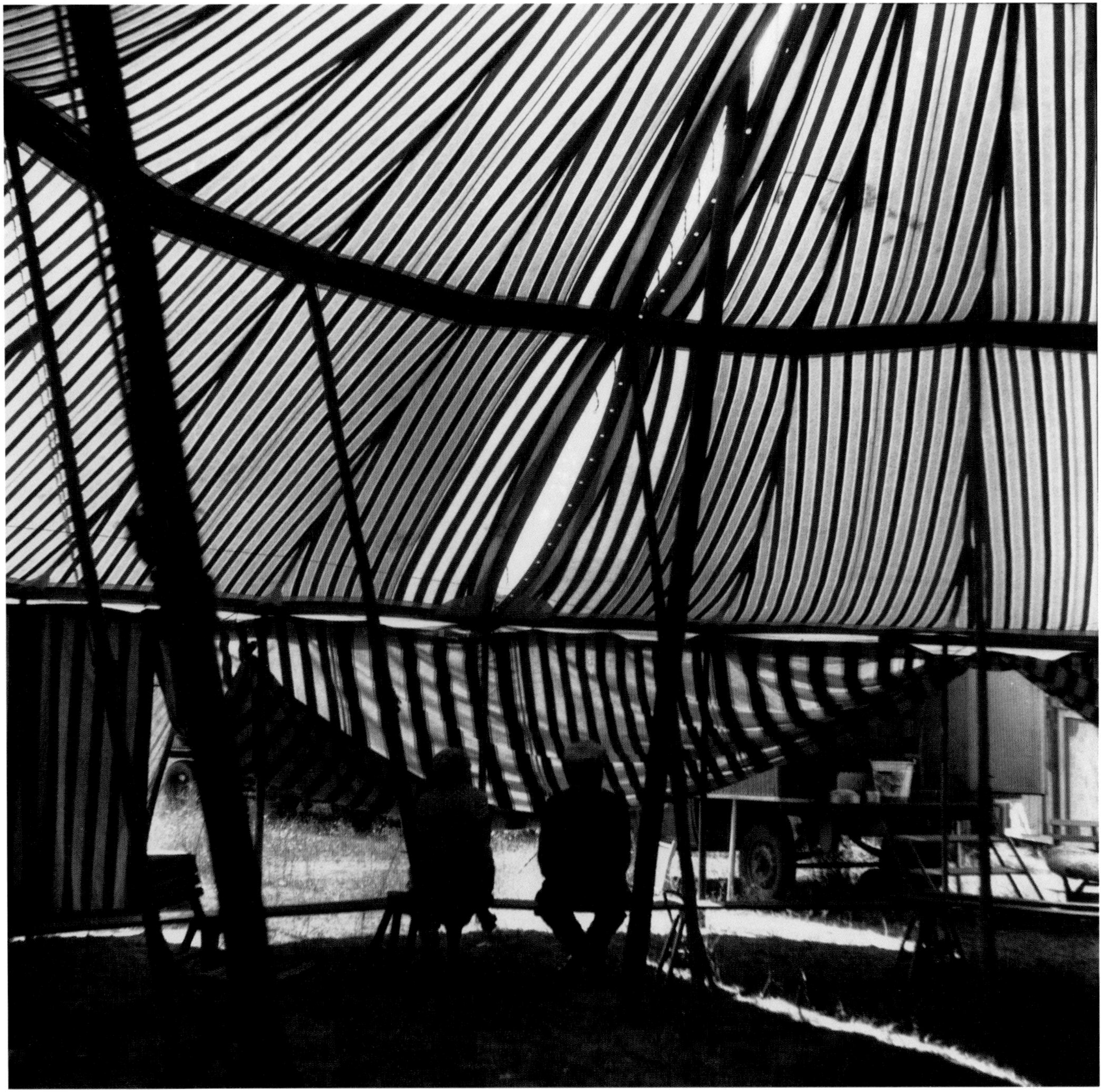

1961

Cirkusové zátiší se šicím strojem

/ Circus Still-Life with Sewing Machine

1962

Odpočinek pod šapitó

/ Resting under the Big Top ◄

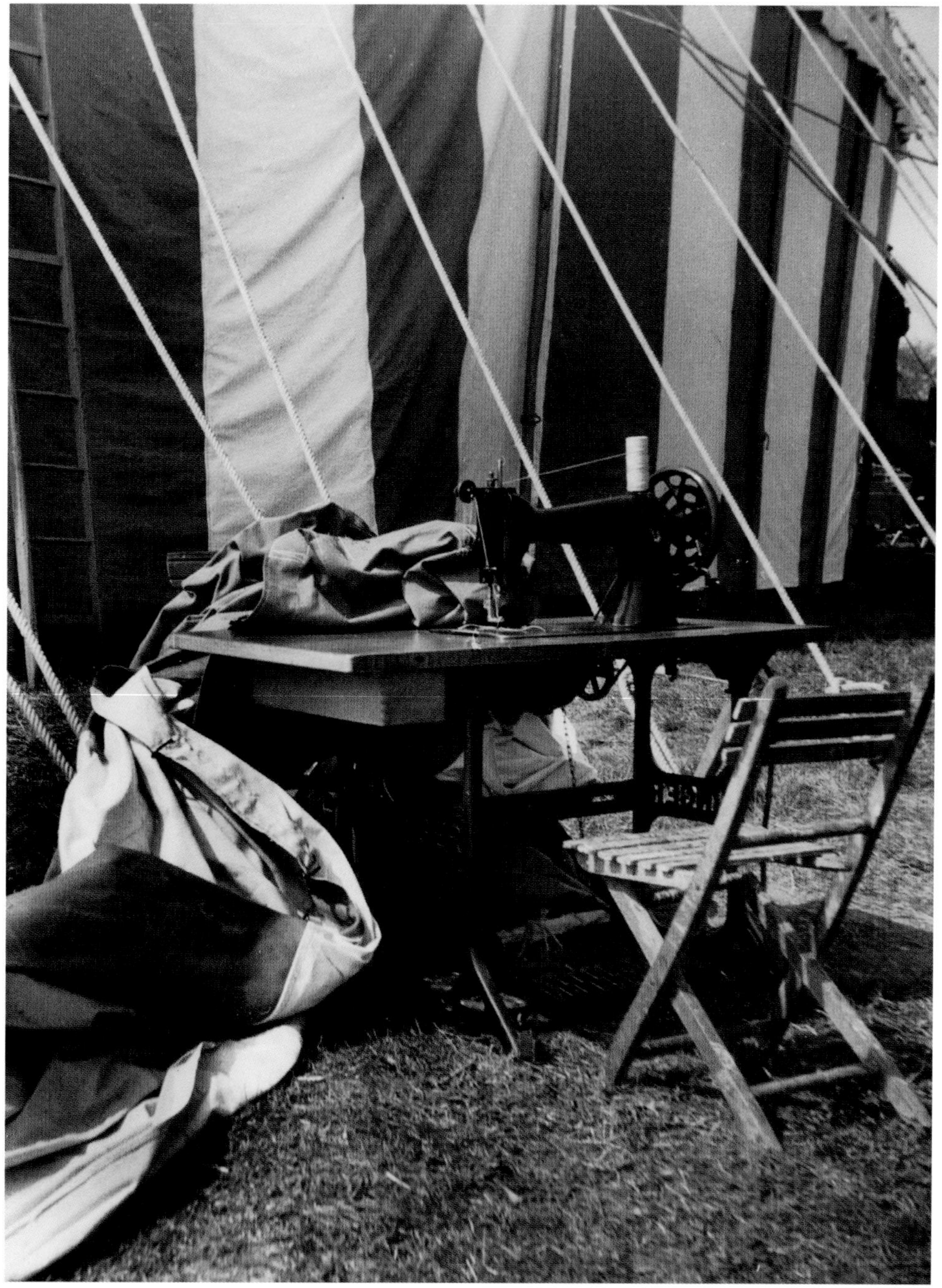

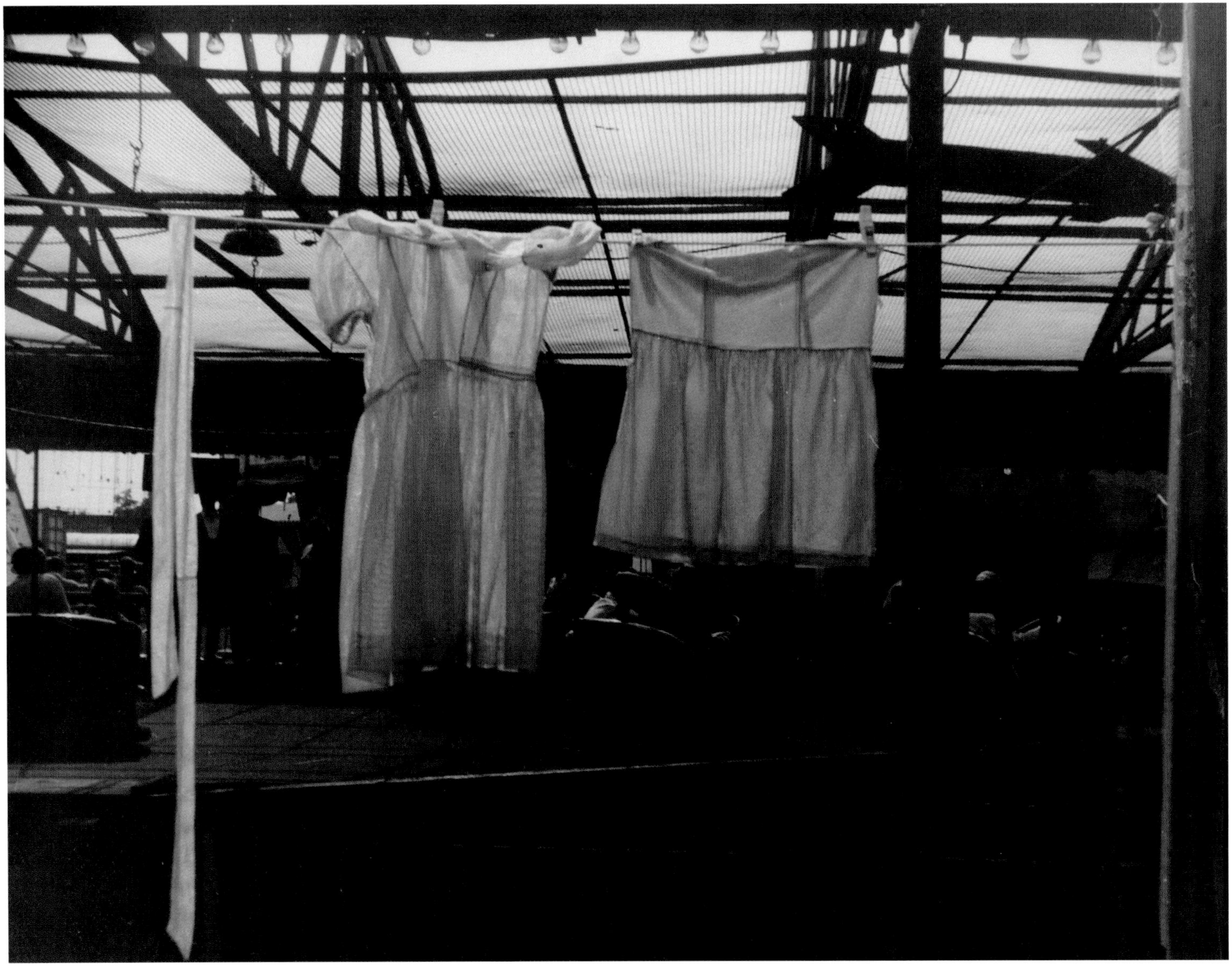

1961

Bez názvu / Untitled

1962

Dopolední zkouška

/ Morning Practice

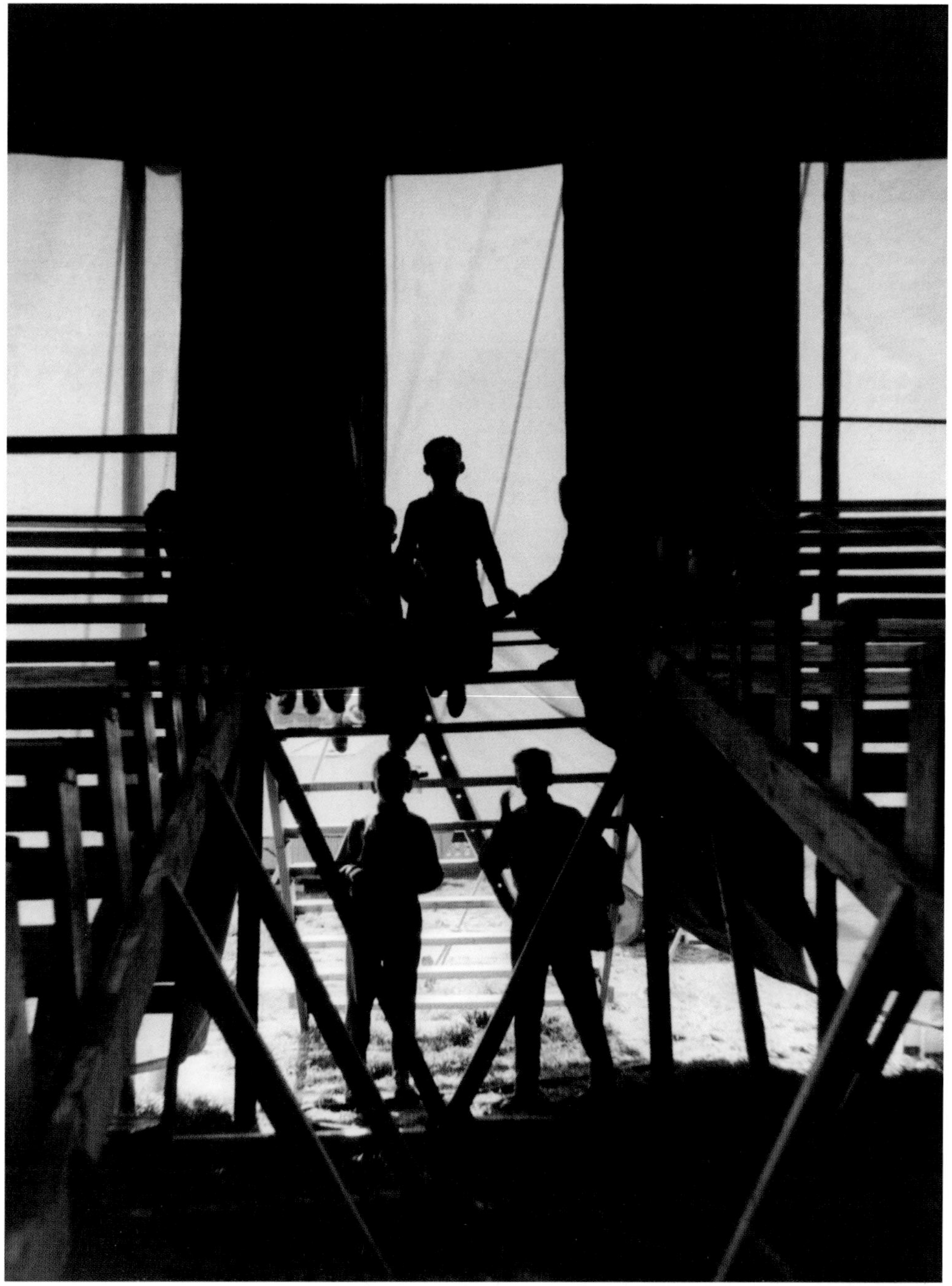

1960

Útěk ze zvěřince / Escape from the Menagerie

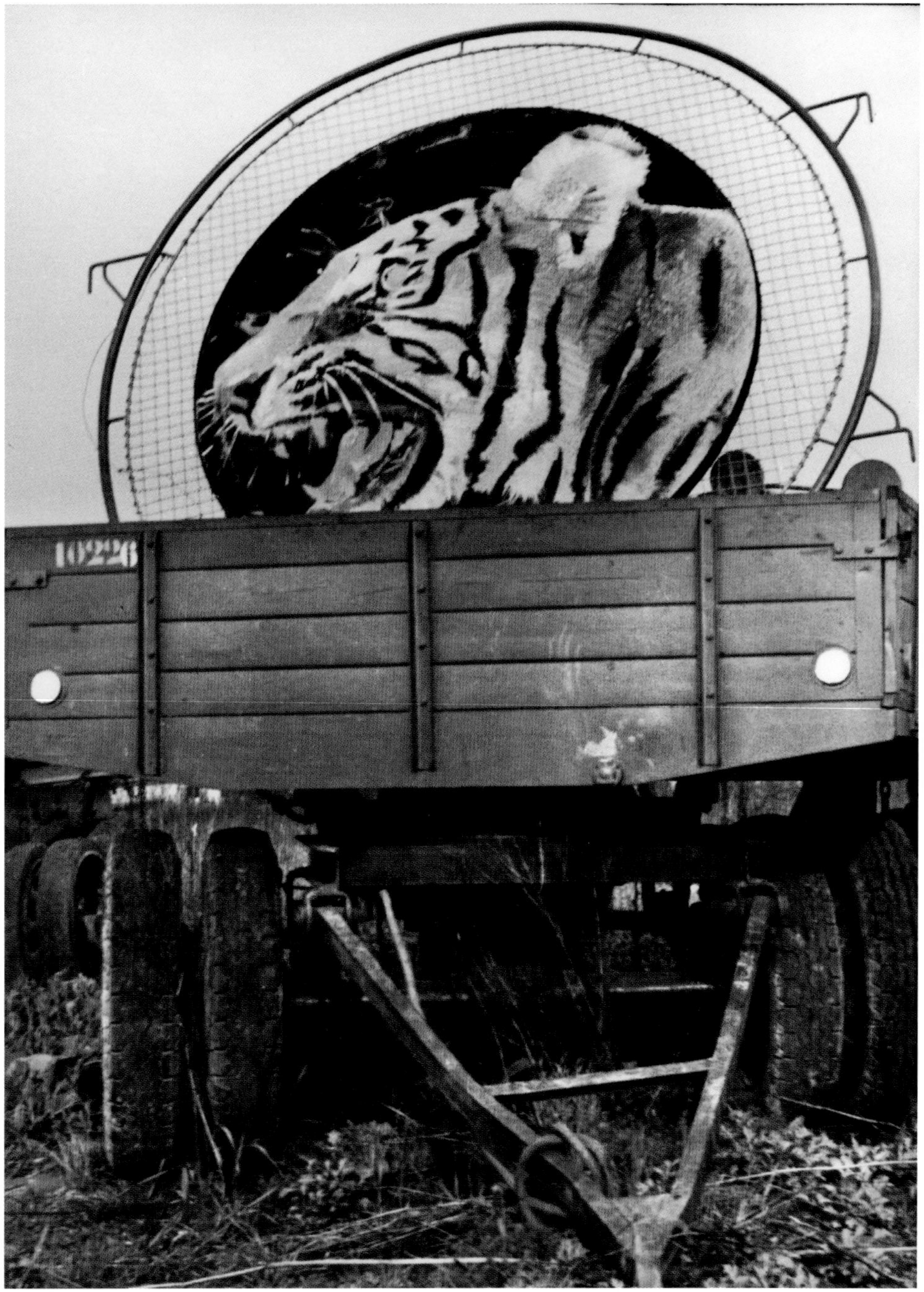
10226

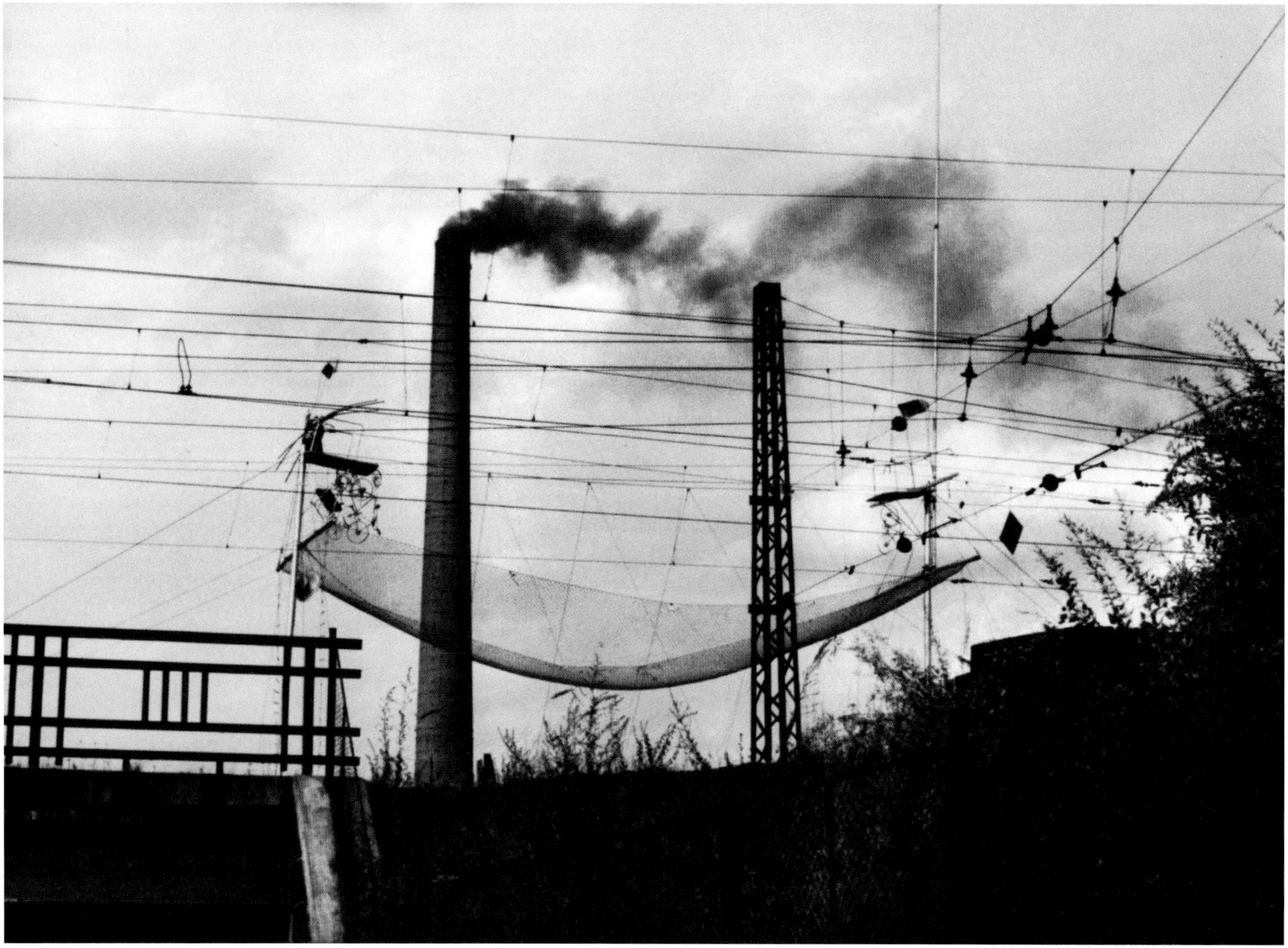

1963

Krajina s komínem a se sítí provazolezců

/ Landscape with Smokestack and Safety Net

1960

Provazolezci

/ Tightrope Walkers

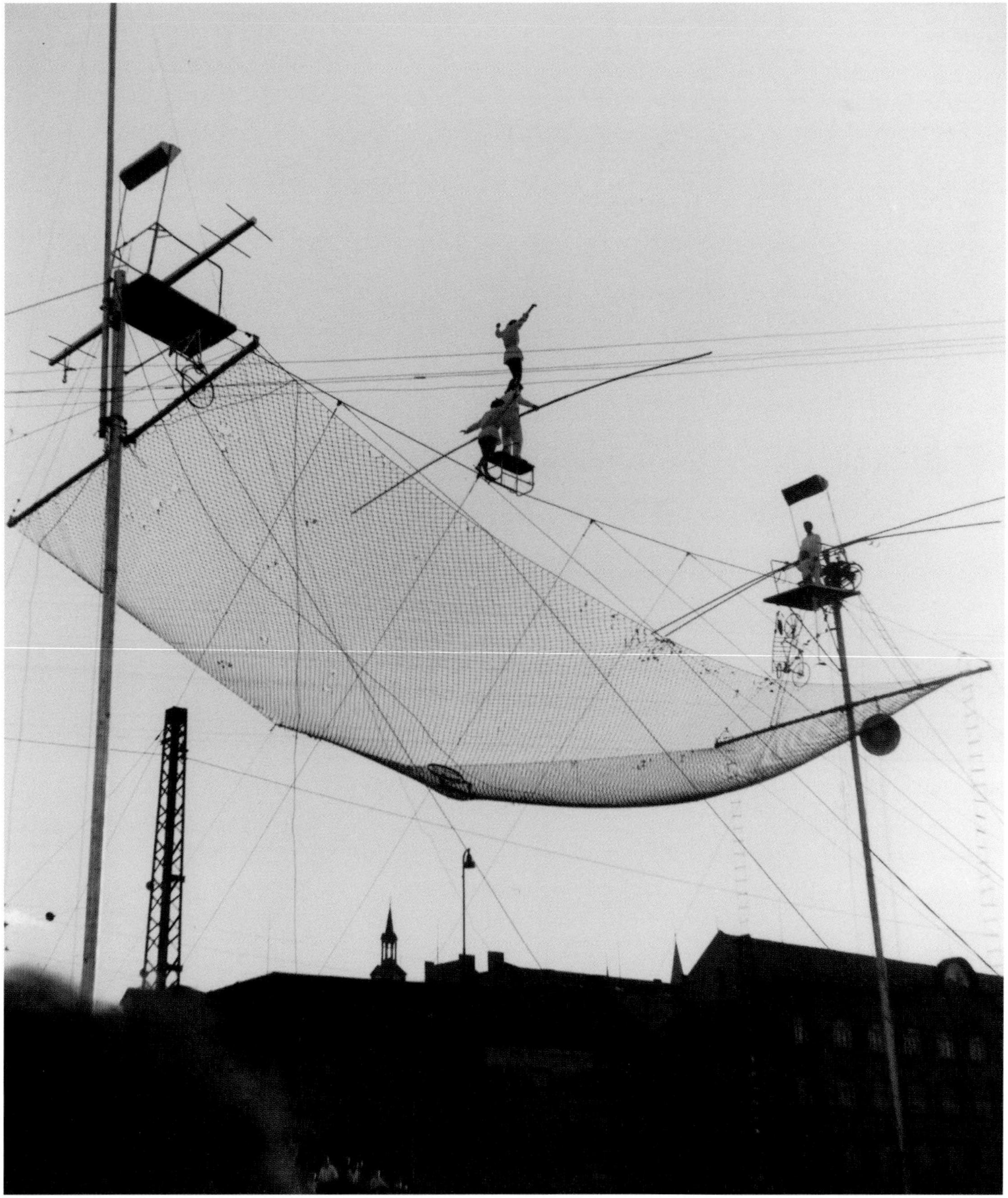

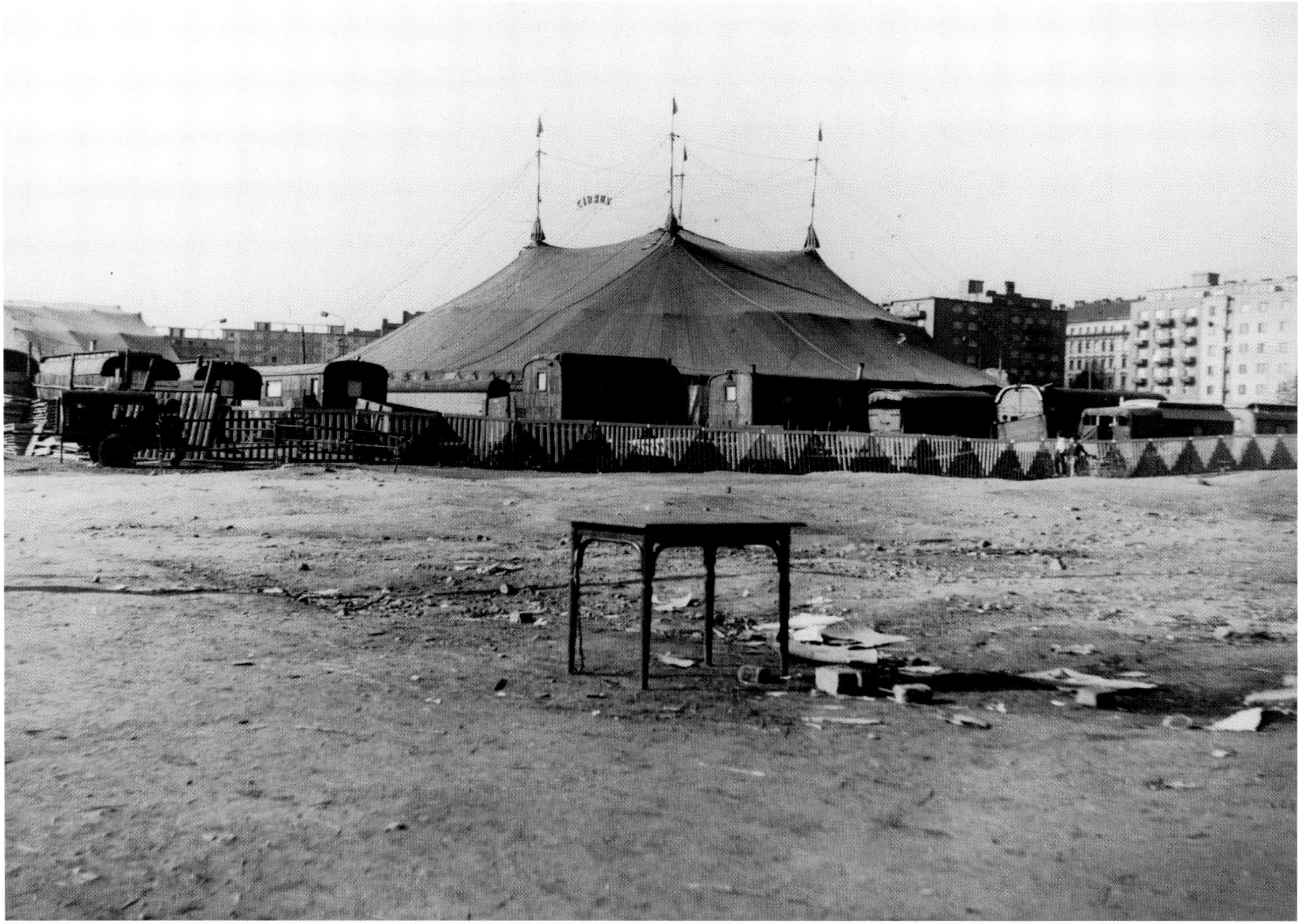

1961

Cirkus přijel / The Circus Has Arrived

1961

Konec pouti / The Fair Is Over

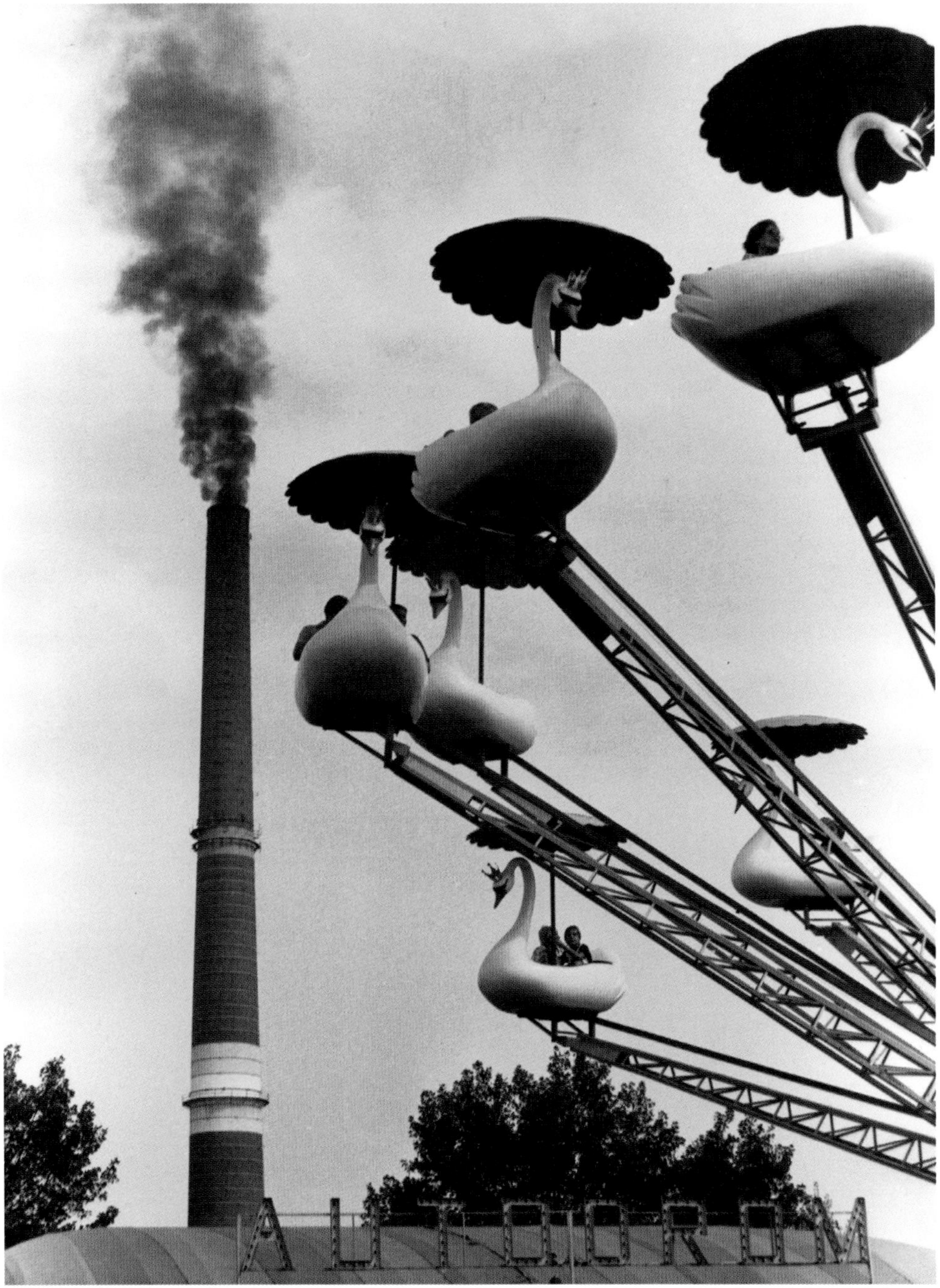

1978

Komín a labutě

/ Smokestack and Swans

1978

Komín a labyrint

/ Smokestack and Labyrinth

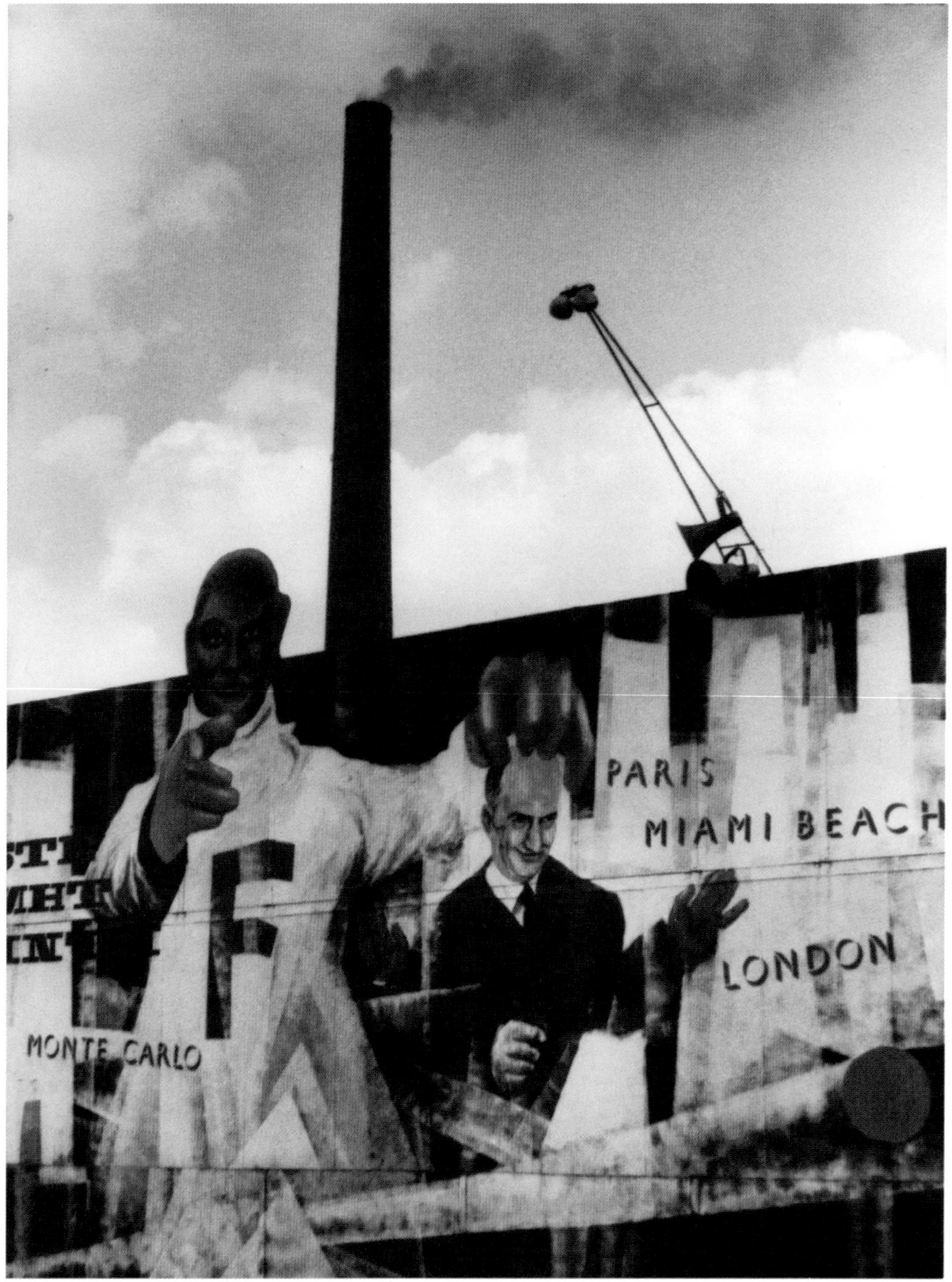

1983

Komín a gondoly

/ Smokestack and Gondolas

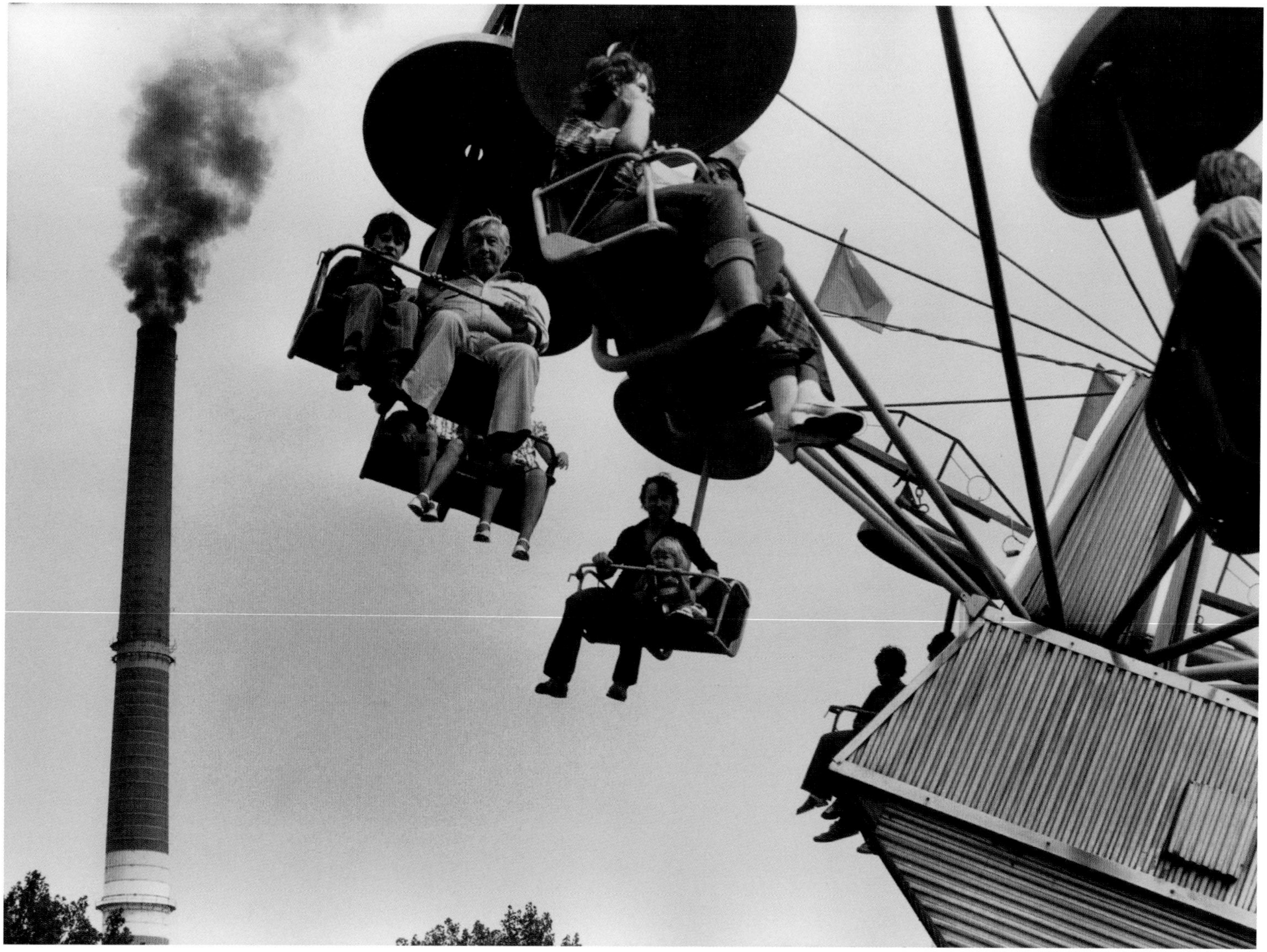

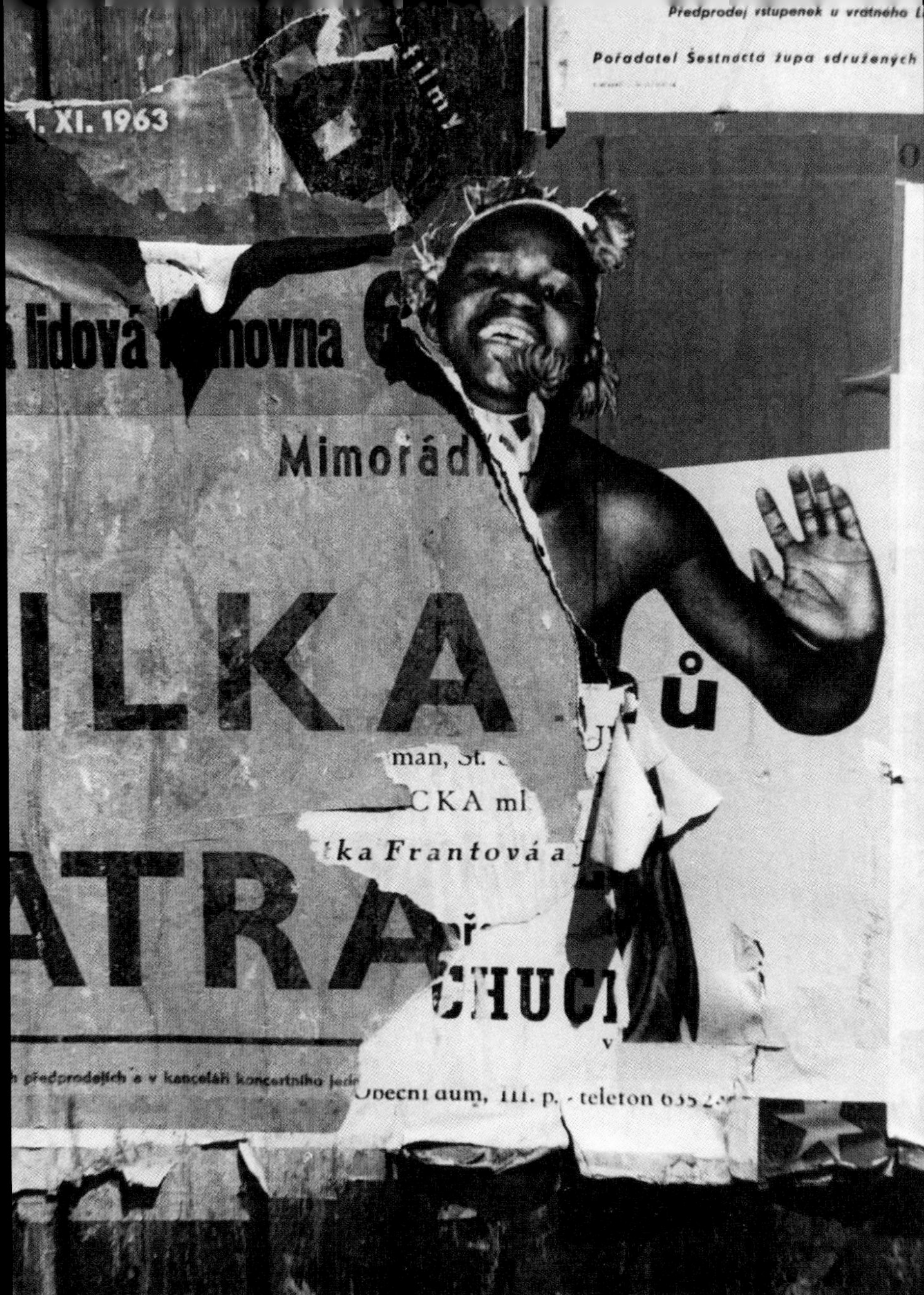
Předprodej vstupenek u vrátného
Pořadatel Šestnáctá župa sdružených
1. XI. 1963
filmy
lidová
novna
Mimořádn
ILKA
ů
man, St.
CKA ml
ka Frantová a
ATRA
CHUC
předprodejích a v kancelář koncertního
Obecní dům, III. p. - telefon 635

Dekoláže z plakátovací plochy, Zdi a stěny_1960–1964

Stěny a zdi narušené časem začaly pukat. Otevírala se omítka jako rána. Nebo to bylo možné přirovnávat ke chvíli, kdy trháme obálku dopisu a zevnitř se objevuje náznak písma dosud neznámého obsahu. Odpadávaly vrstvy zdí, zcela náhodně, zanechávajíce trhliny bizarních tvarů a vrstev. Ve vrstvách se poodkrývala písmena, části bývalých celistvých nápisů, jmen, údajů, nabídek, firem, reklam a čísel... Vznikaly fragmenty s neurčitými sděleními, nových a podivných tvarů. Čas tiskl na zdech nové a neznámé nápisy, nikomu neurčené písmové znaky, přitahující svou autenticitou a vzrušivou formou.
Čas rozrušoval a strhával omítku podobně jako člověk strhával z plakátových ploch nalepené plakáty před přelepováním. Tady se to dělo v obráceném pořadí. Dekoláže zdí objevovaly zlomky minulosti, dekoláže plakátovacích ploch jako minulost sdělení byly rychle nahrazeny novými plakáty s novým sdělením.
V krátkém čase před přelepením jsem chodil a vyhledával ve městě ty fascinující „obrazové plochy" a fotografoval.
Dekoláže zdí a plakátovacích ploch si byly výtvarně podobné.
Co lákalo výtvarníka, který vedle svých malířských prostředků používal též fotoaparát? Bylo to porušení původních smyslů kdysi konkrétních nápisů a textů. Krása nového písmového znaku nebo fragmentu, vznikající strženou vrstvou omítky nebo papíru, mnohost spojení a čitelnost neznámých textů nebo nápisů z různých vrstev v nové celistvosti, vznik nových výtvarných asociací. Nová neznámá sémantika mě uchvacovala jako kdysi japonská a čínská kaligrafie svou formální krásou a tajemstvím, neboť obsah jsem neznal.
V těchto letech fotografie a práce s objektivem přímo ovlivnila můj výtvarný názor. Byla zcela adekvátní malovaným nebo kolážovaným výtvarným projevům. S její pomocí jsem objevil určité principy a dokumentoval zážitky, které jsem nakonec někdy ani neproměňoval v obrazy či kresby, protože konkrétní fotografie stačila k dokonalé identifikaci zážitku.

1963
Ilka / Ilka

Walls and Décollages of Poster Walls 1960–1964

Ravaged by time, the walls have begun to split apart. The plaster has opened like a wound. One might compare it to that moment when we tear open an envelope and inside we find the hint of a letter of previously unknown meaning. The layers of the wall have slipped off, entirely at random, leaving behind the bizarre shapes and layers of cracks. The layers reveal letters, fragments of formerly whole words, names, information, offers, companies, advertisements, and numbers... Fragments with uncertain messages, new and strange shapes. Time has imprinted on the walls new and unfamiliar words, script marks meant for no-one, made attractive by their authenticity and exciting form.
Time disintegrates and strips the plaster just as man tears posters from walls before pasting up new ones. Here it was done in the reverse order. The décollages of walls have revealed fragments of the past, while the décollages of poster walls, messages of the past, were quickly replaced by new posters with a new message.
In the short period before they were pasted over, I would walk through town and seek out these fascinating "visual surfaces" and photograph them. The décollages of walls and of old posters were visually similar.
What attracted an artist who, in addition to his tools of painting, also used a photographic camera? It was the destruction of the original meanings of once-specific signs and texts. It was the beauty of the new glyphs and fragments created by the stripped layer of plaster or paper, the multitude of combinations, unfamiliar text or writing from various different layers, made legible in a new wholeness, the creation of new visual associations. This new and unfamiliar semantics captivated me as Japanese and Chinese calligraphy once did by their beauty of form and mystery, for I did not know their content.
During these years, photography and working with the camera lens directly influenced my artistic views. Photography was perfectly suited for artistic expression through painting or collage. With its help, I discovered certain principles and documented experiences that, in some cases, I never actually converted into paintings or drawings because the particular photograph was enough for a perfect identification of the experience.

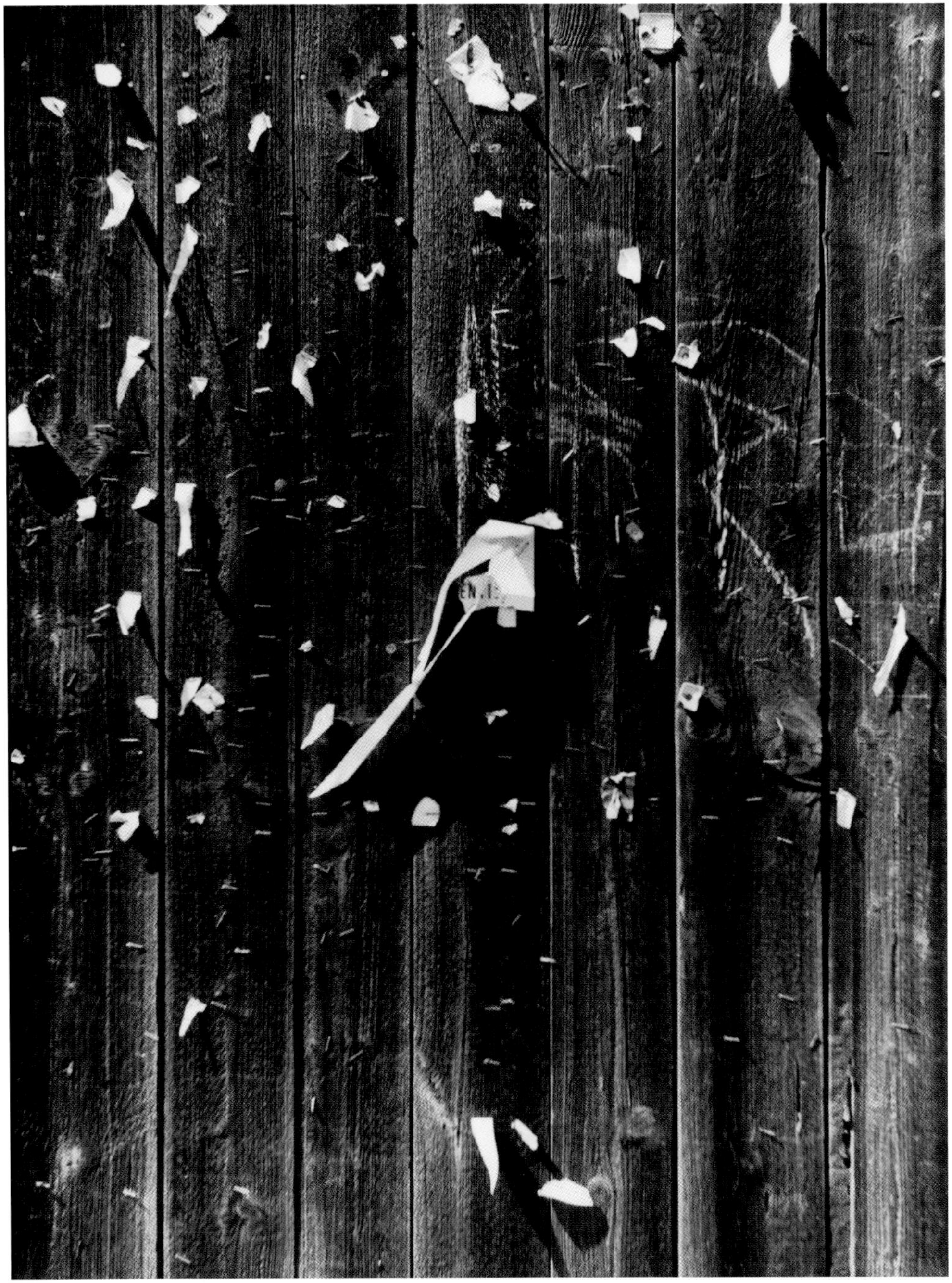

1962
Plot s papírovými fragmenty
/ Fence with Bits of Paper

1963

Podivní jezdci

/ Strange Riders

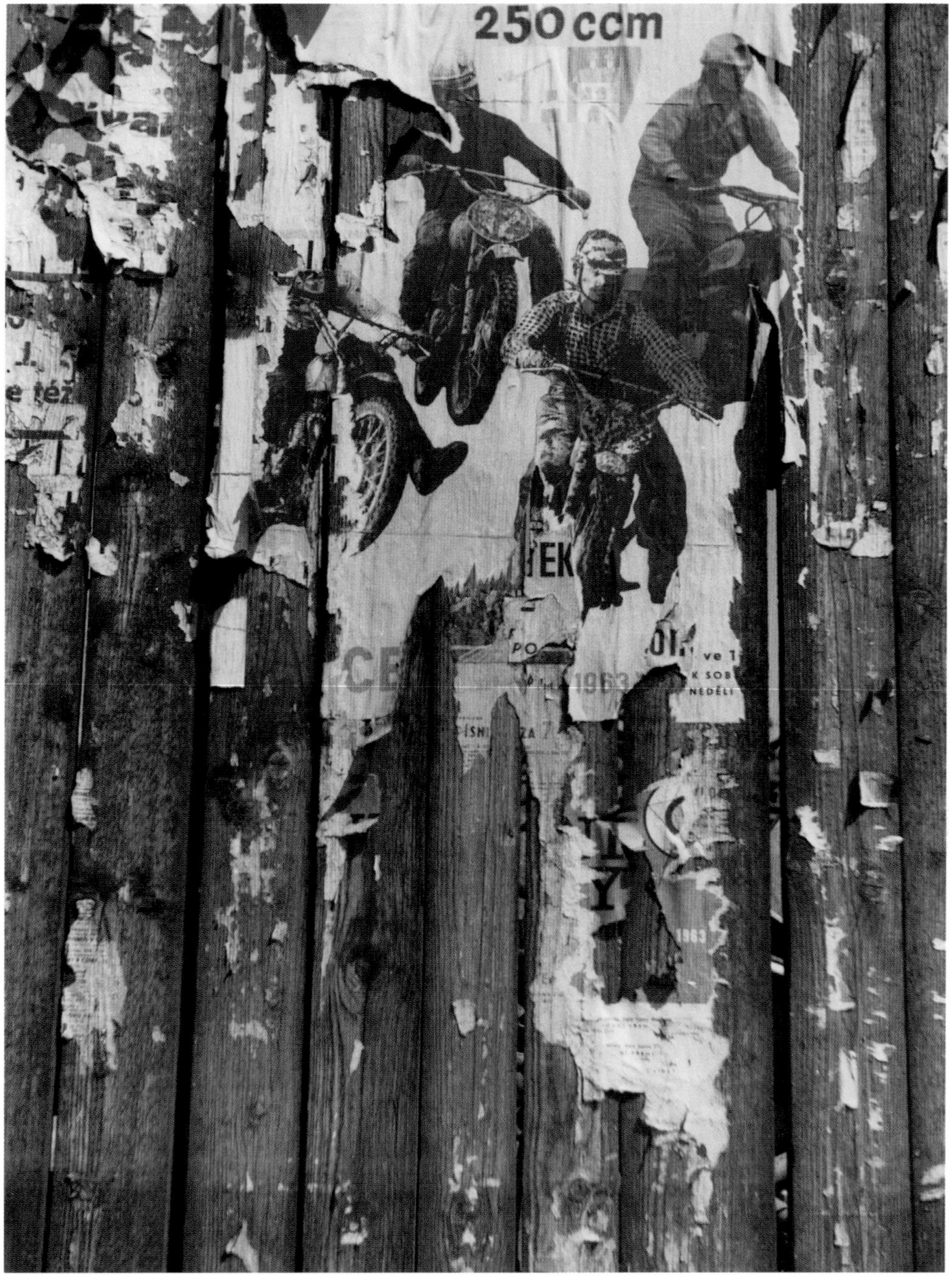

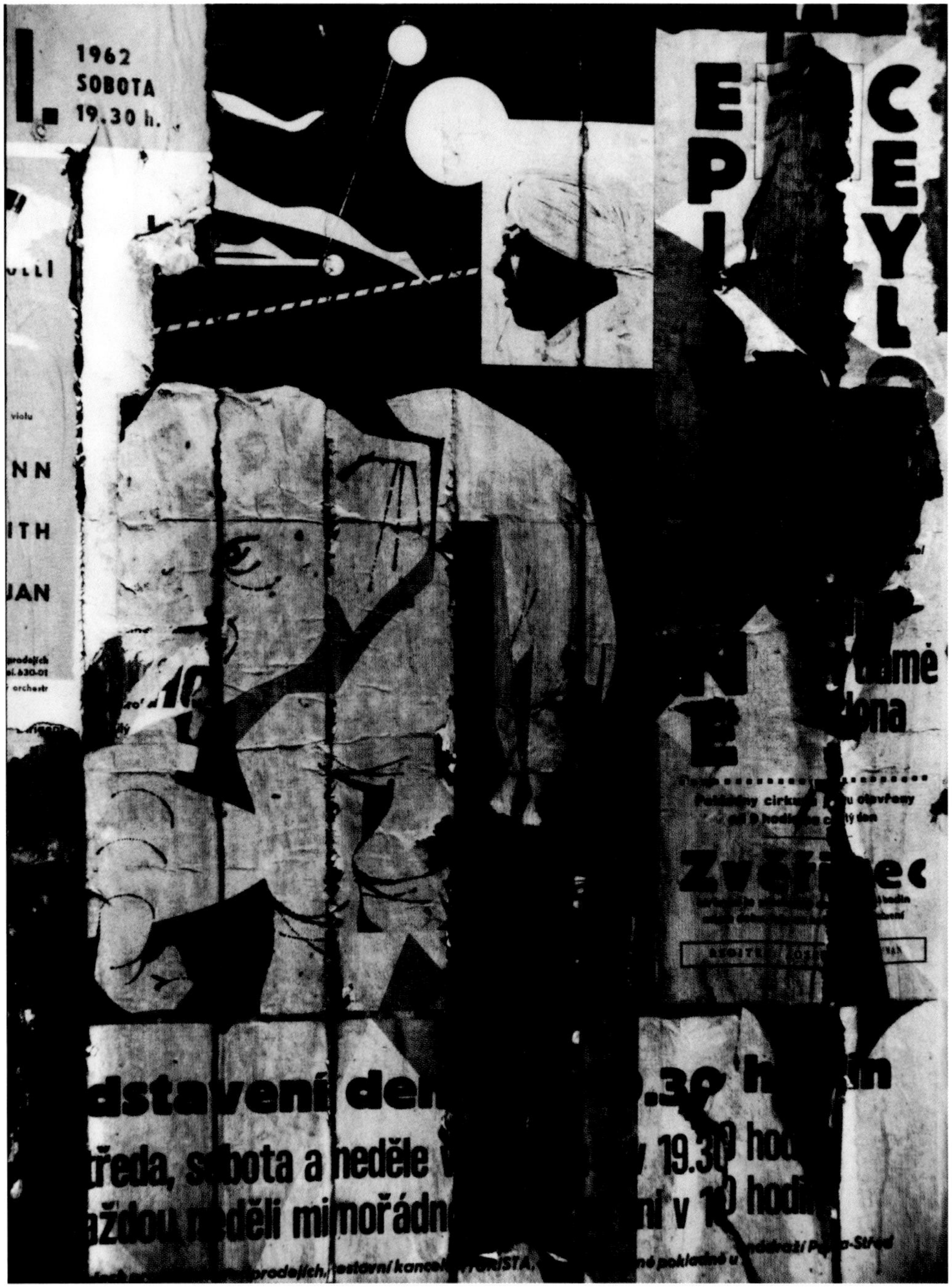

1962
Slon Ceylon
/ Ceylon Elephant

1963

Lentini / Lentini

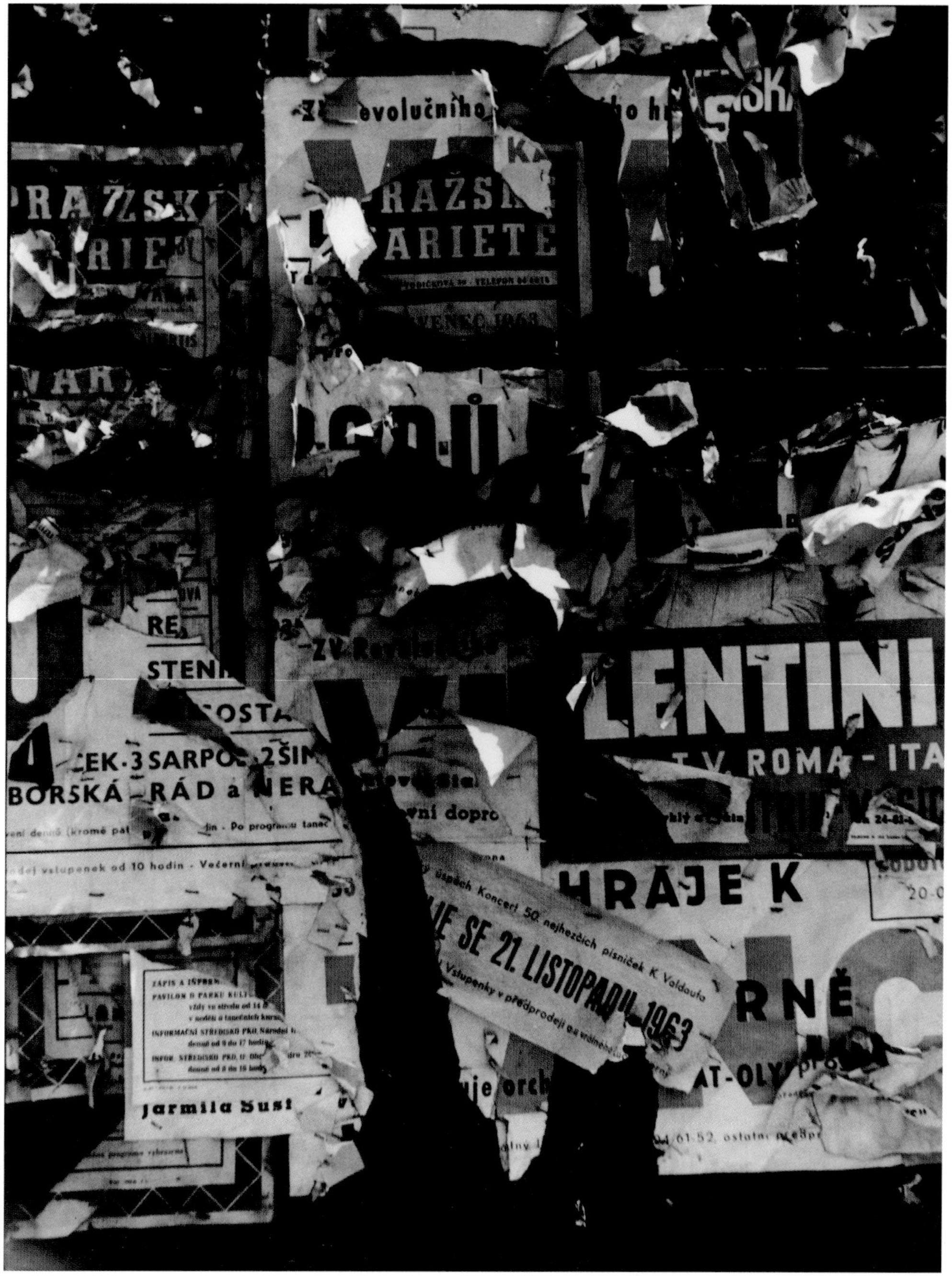

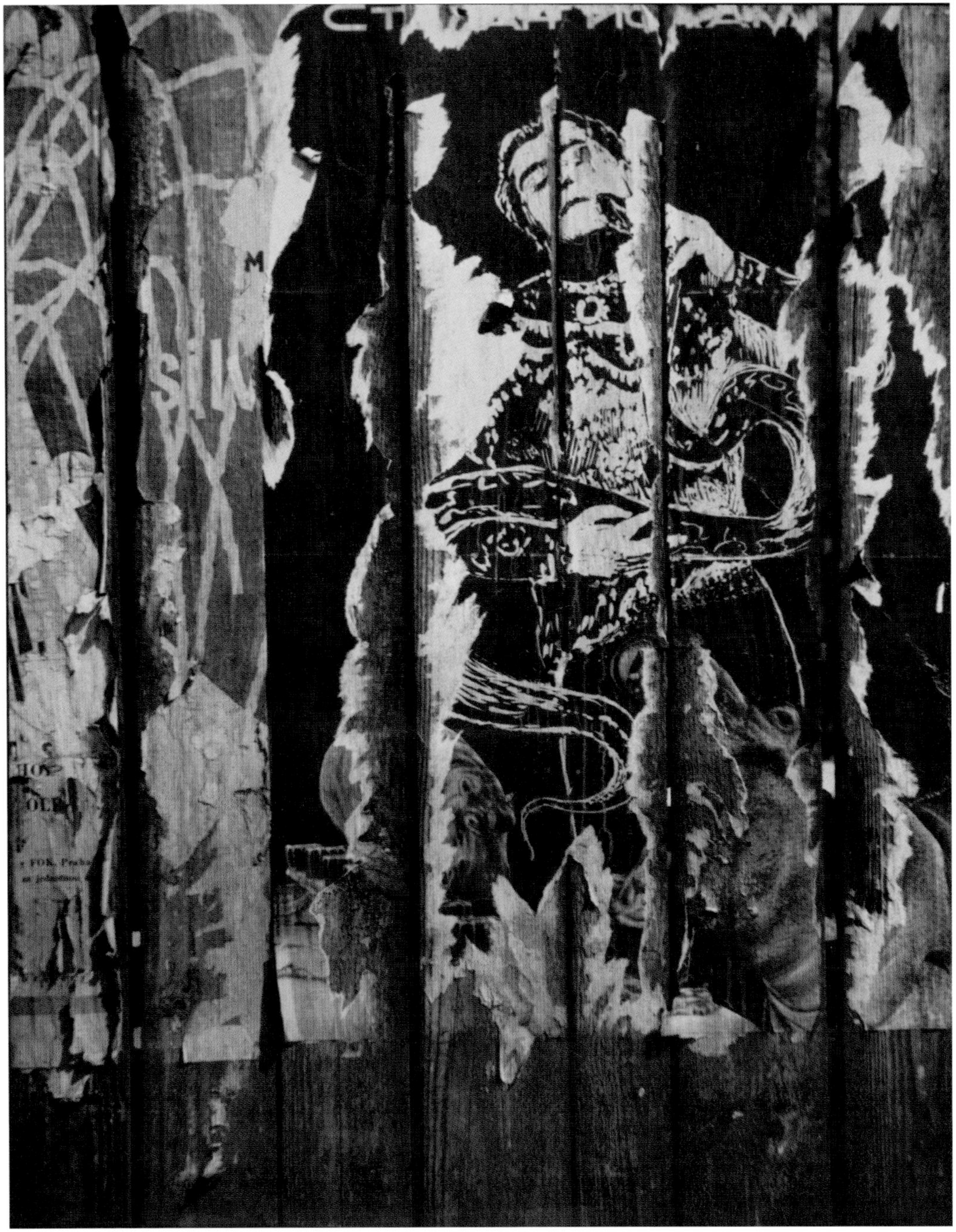

1962
Muž s hadem
/ Man with Snake

1962
Černé divadlo
/ Black Theater

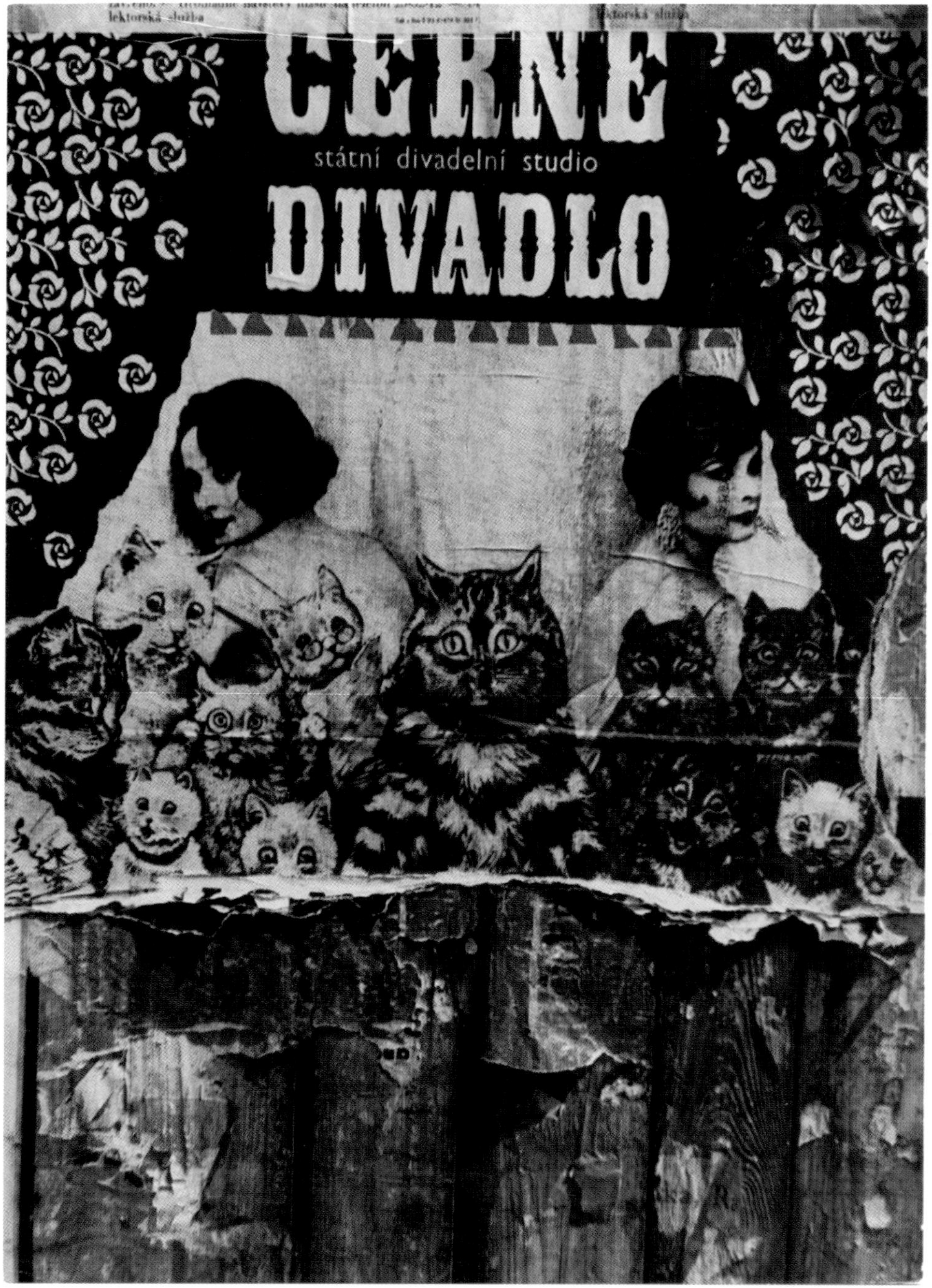

KASO A ESKONT

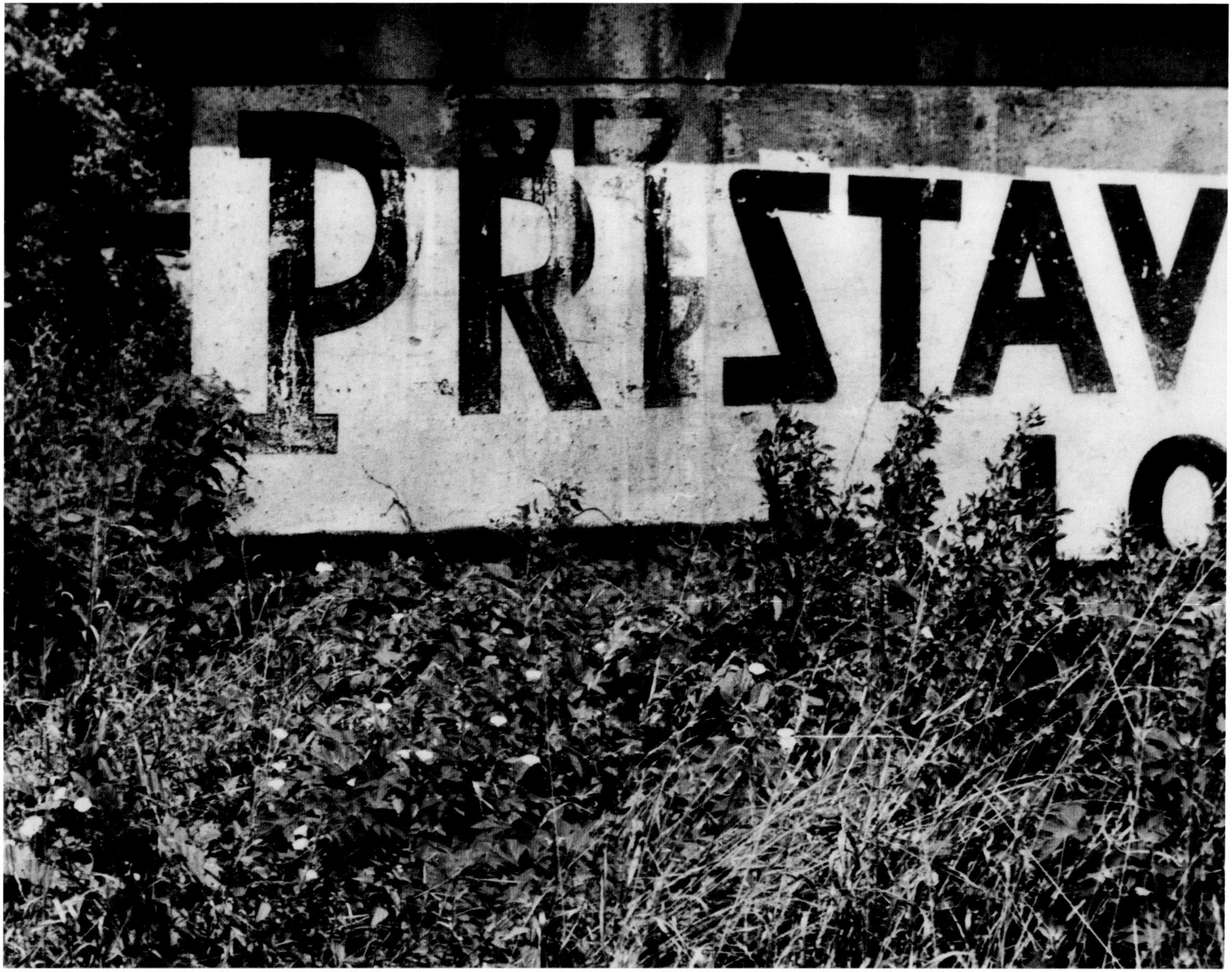

1963
Fragment s písmeny
/ Fragment with Letters ◄

1985
Přístav / Harbor

1963

Maceška / Maceška

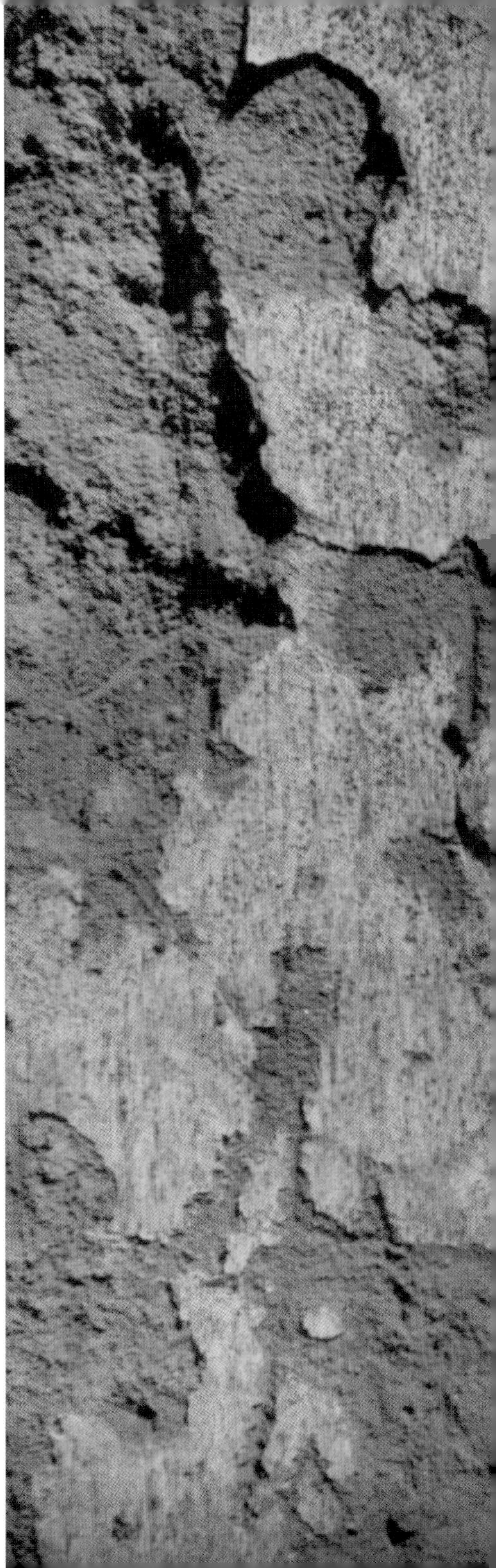

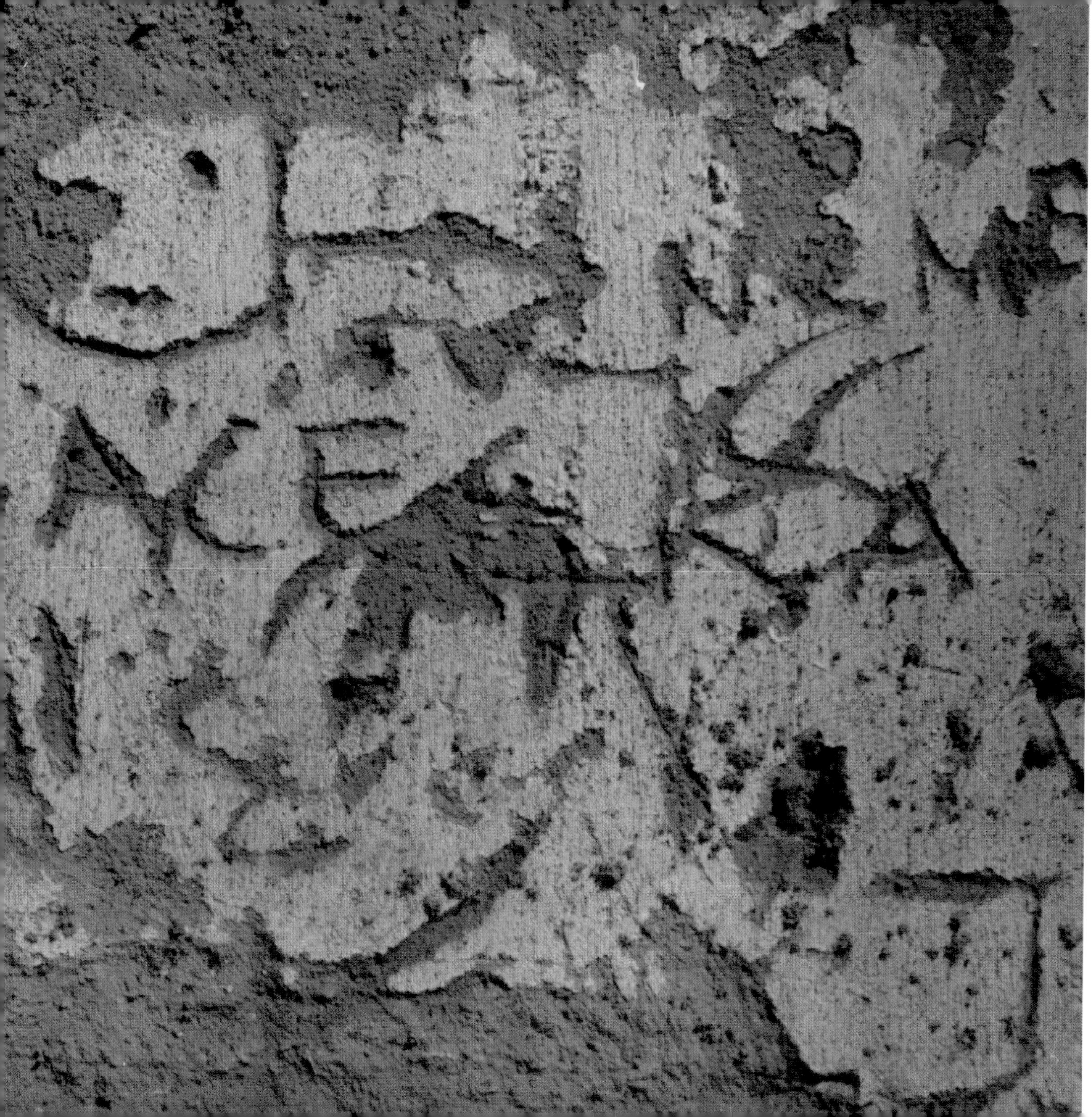

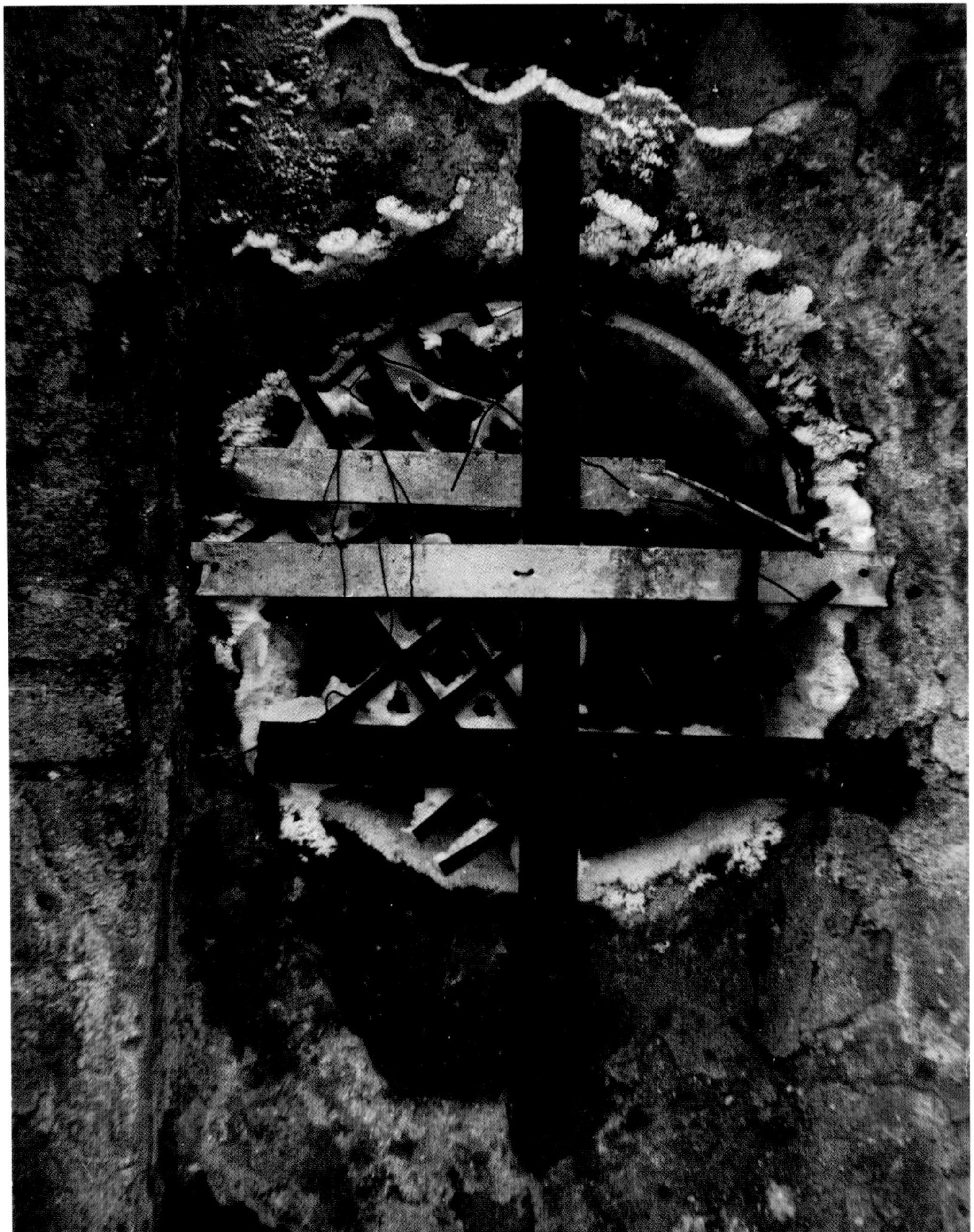

1964
Bez názvu / Untitled

1964

Bez názvu / Untitled

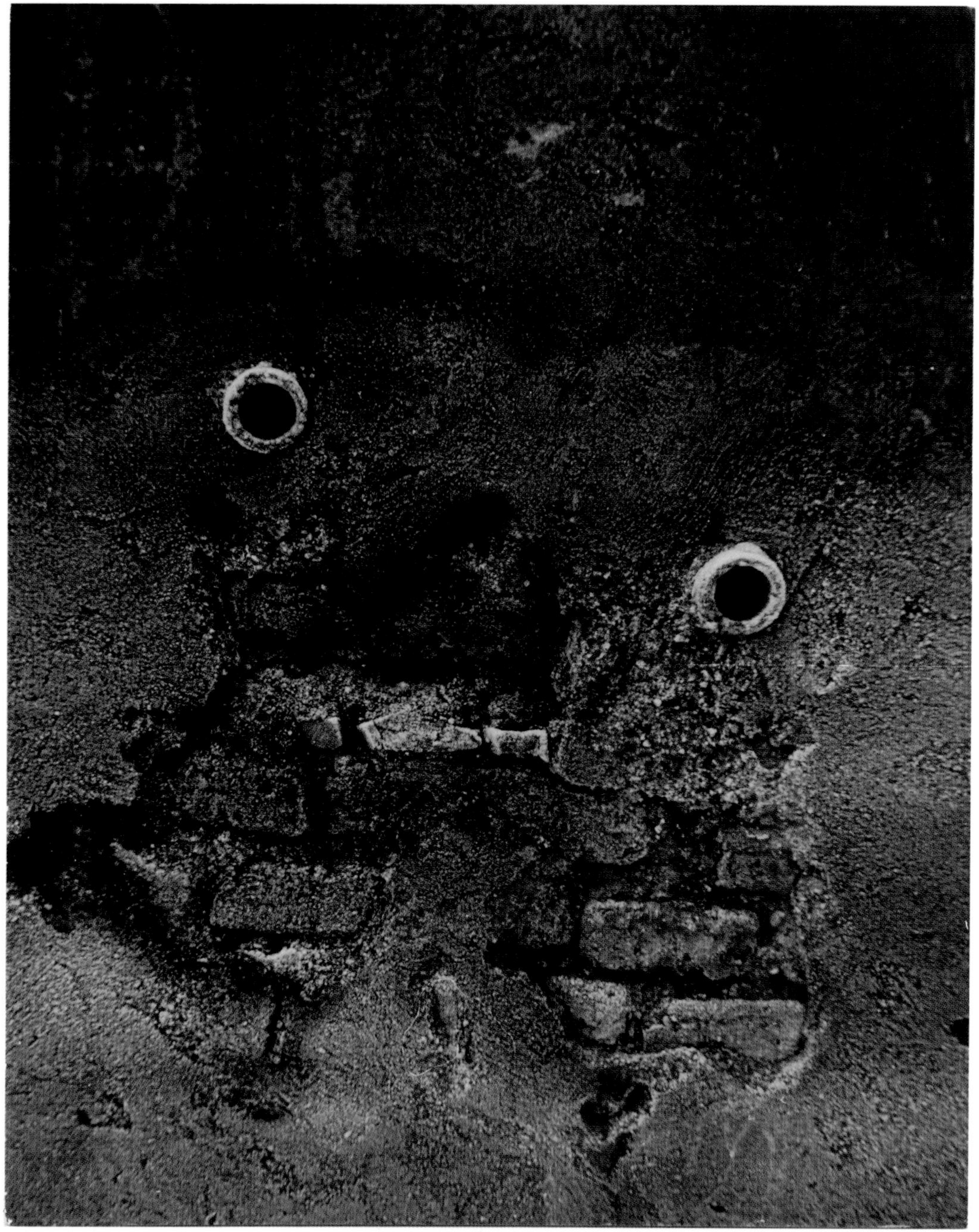

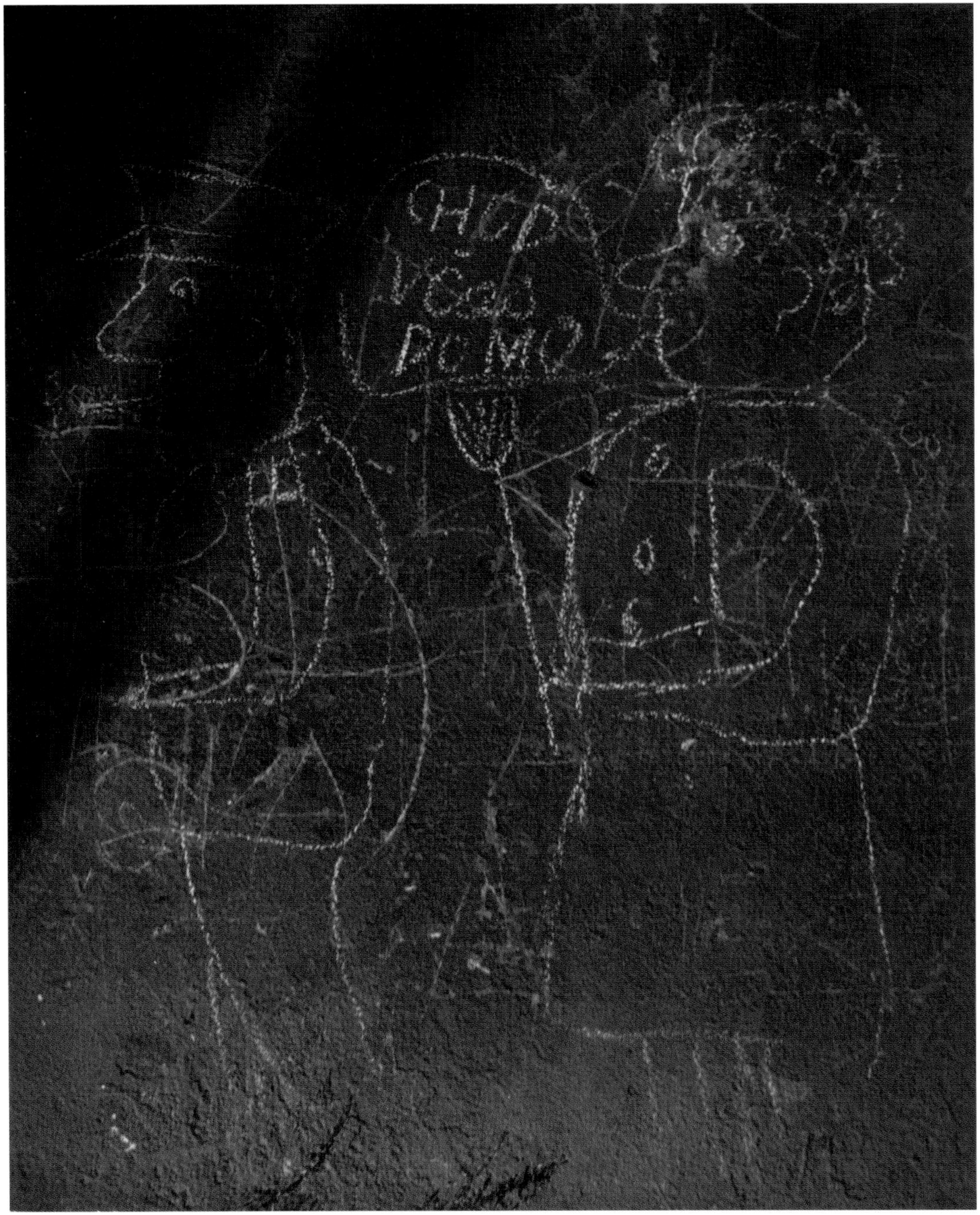

1962
Příběh / Story

1984

Zeď UBEŠ s háčkem

/ UBEŠ Wall with Hook

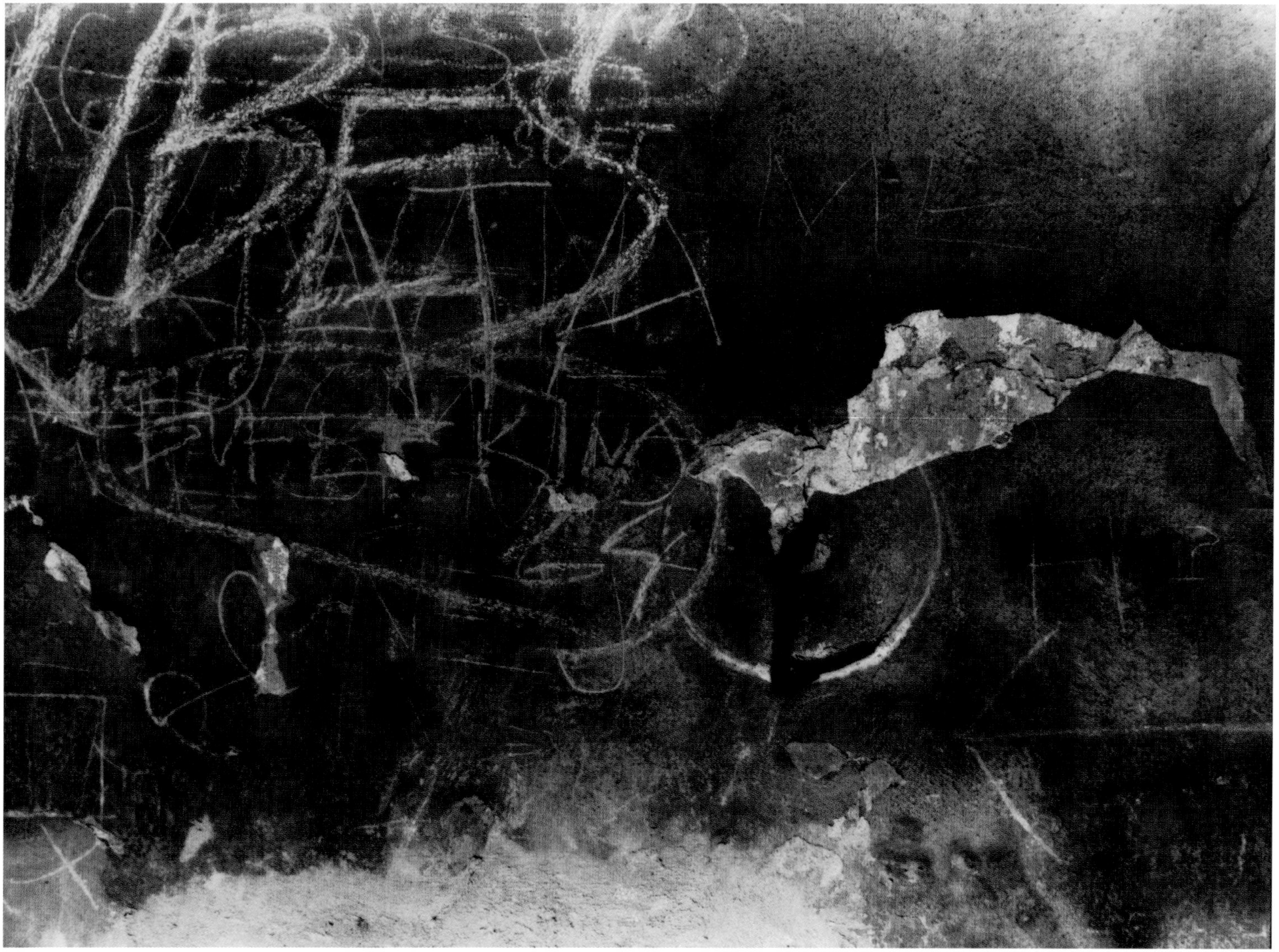

1985

Kontrasty, dělení (II) / Contrasts, Division (II)

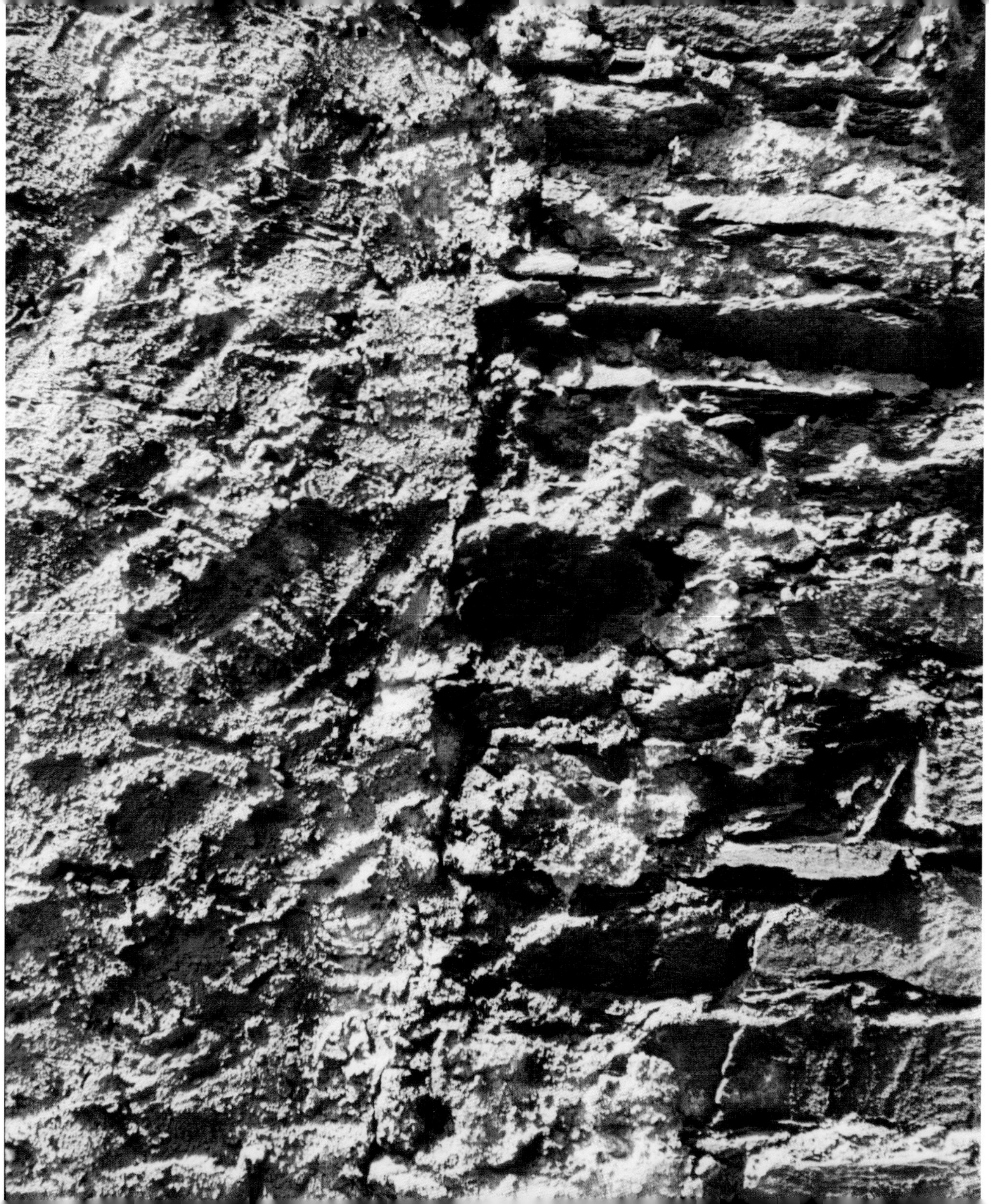

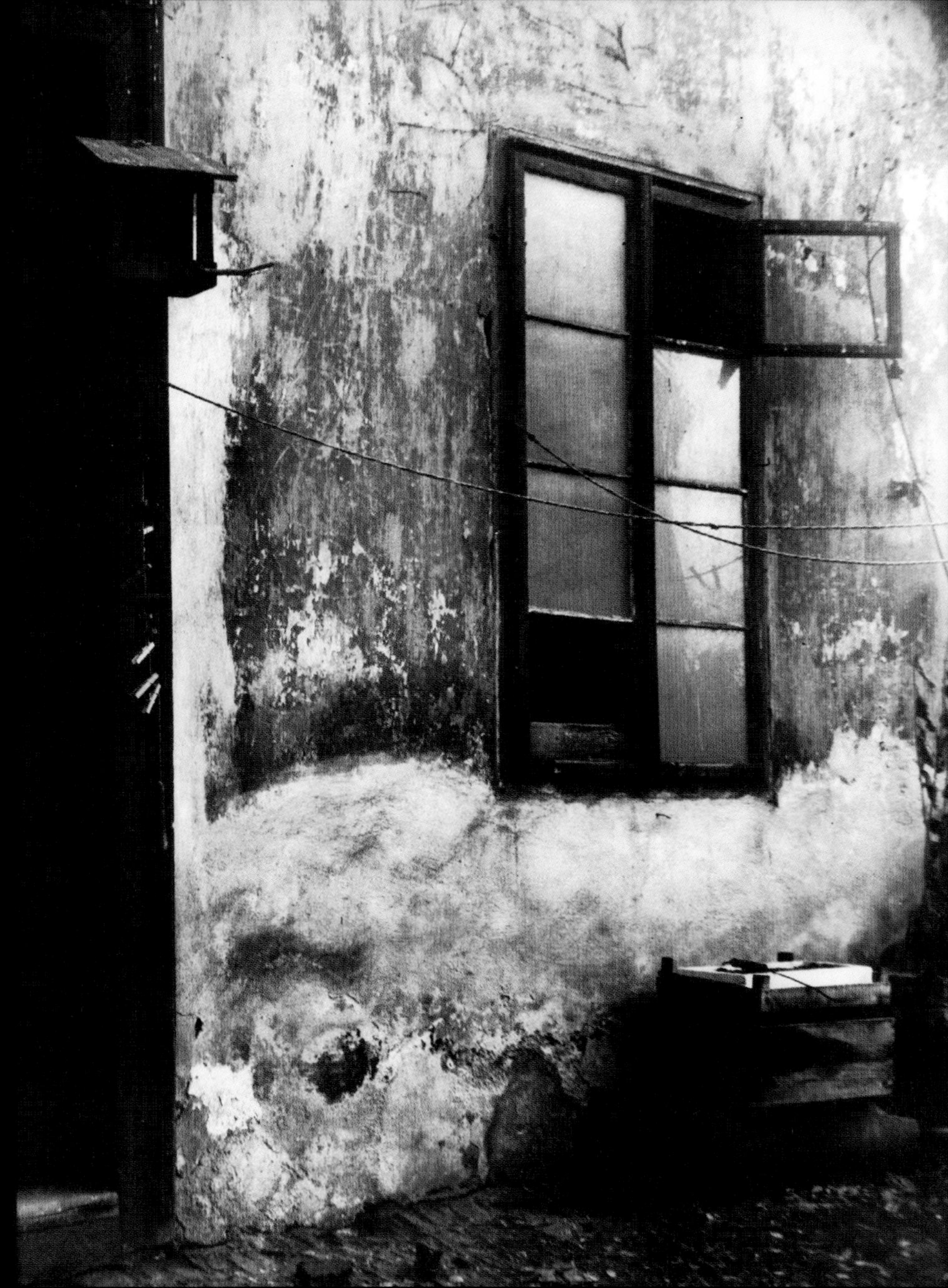

Otcův dvorek_1964–1975

Krátce potom, co mi zemřel otec, jsem zažil zvláštní situaci, kdy jsem uviděl jasnou formu a pocítil sdělení věcí, které byly kdysi v mém denním dohledu, a přece nikdy na mě nepromluvily tak jako v těchto chvílích.
Přišel jsem na malý dvorek činžovního domu, kde jsem prožíval část svého nejranějšího dětství a kde otec v době stáří mírně pracoval, štípal dříví, ukládal do přístavku brikety pro zimní topení, zametal či rovnal dřevo a různé věci. Určoval svou činností těm obyčejným předmětům na dvorku jakýsi denní choreografický plán, který jim dával funkci ze dne na den, po celá desetiletí jejich trvání.
V ty dny po úmrtí otce bylo na dvorku ticho a čisté jasno. Věci a předměty obsáhly v sobě všechno minulé, naplnily se jím, jako když naplníme nádoby až po okraj, jako když ostrou tužkou obtáhneme obrys nějaké formy v nejvýš možném ohraničení.
Viděl jsem všechno zcela jasně, přesně, až v bolestivé konkrétnosti. Nebylo nutné nic přidávat ani ubírat, stačilo použít oka objektivu, abych mohl vše obtisknout v té jasnosti, prostotě a kráse.
Otcův dvorek. Kout s oknem starého magazínu, bedna s omšelými nápisy, staré plechovky pod okapovou rourou. Velký špalek na štípání dříví, stará bedna a na ní široký květináč. Popelnice s bílými čísly domu, okno prádelny a nějaké čárky bílou křídou na zdi, ani nevím, co se to tehdy počítalo. Ptačí budka pro zimní milosrdenství zavěšená na špaletě starých dveří a písmena K+M+B na jejich výplni. Pootevřené okno, které za letních odpolední přece jenom zachytilo ve stínu dvorku krásu letní oblohy nad městem jako nastavené zrcadlo nebo skleněný radar. Po smrti otce zůstalo vše znehybněno, opuštěno a vnořeno do času a pomíjení.
Udělal jsem konkrétní obtisky pomocí objektivu fotoaparátu. Daleko později jsem tu minulost vyvolal a vykopíroval.

Father's Courtyard_1964–1975

Shortly after my father died, I experienced a strange situation in which I saw the clear forms and sensed the message of things that I had once seen on a daily basis but that had never spoken to me as they did during these moments.
I entered the small courtyard of the tenement building where I had spent part of my earliest childhood and where my father had occasionally worked during his old age, chopping wood, storing briquettes for winter heating in the shed, sweeping, or arranging wood and various other things. By his activities, he set a kind of daily schedule for these ordinary objects in the courtyard, determining their function from day to day, for entire decades of their existence.
On those days after my father's passing, it was quiet and clean in the courtyard. Within them, the items and objects contained all of the past – it filled them as when we fill a vessel to the rim, as when we use a sharp pencil to trace the outline of a form along its farthest possible boundaries.
I saw it all quite clearly, precisely, in almost painful concreteness. Nothing had to be added or taken away; it was enough to use the eye of the lens in order to capture it all in its clarity, simplicity, and beauty.
My father's courtyard. In the corner a window to an old storeroom, a crate with worn signs, old cans beneath a drainpipe. A large block for chopping wood, an old crate, and on it a broad flower pot. Ashcans with white building numbers, the window to a laundry room, and some white chalk lines on the wall… I have no idea what was being counted. A bird house, an act of wintertime compassion, hanging on the frame of an old door marked with the letters K+M+B. A half-open window that, in the shade of the courtyard on summer afternoons, captured the beauty of the summer sky over the city like a mirror or a glass radar. After my father's death, it all remained motionless and abandoned, immersed in time and ephemerality.
I took concrete imprints using the camera lens. Much later, I developed and printed this past.

1975

Okno / Window

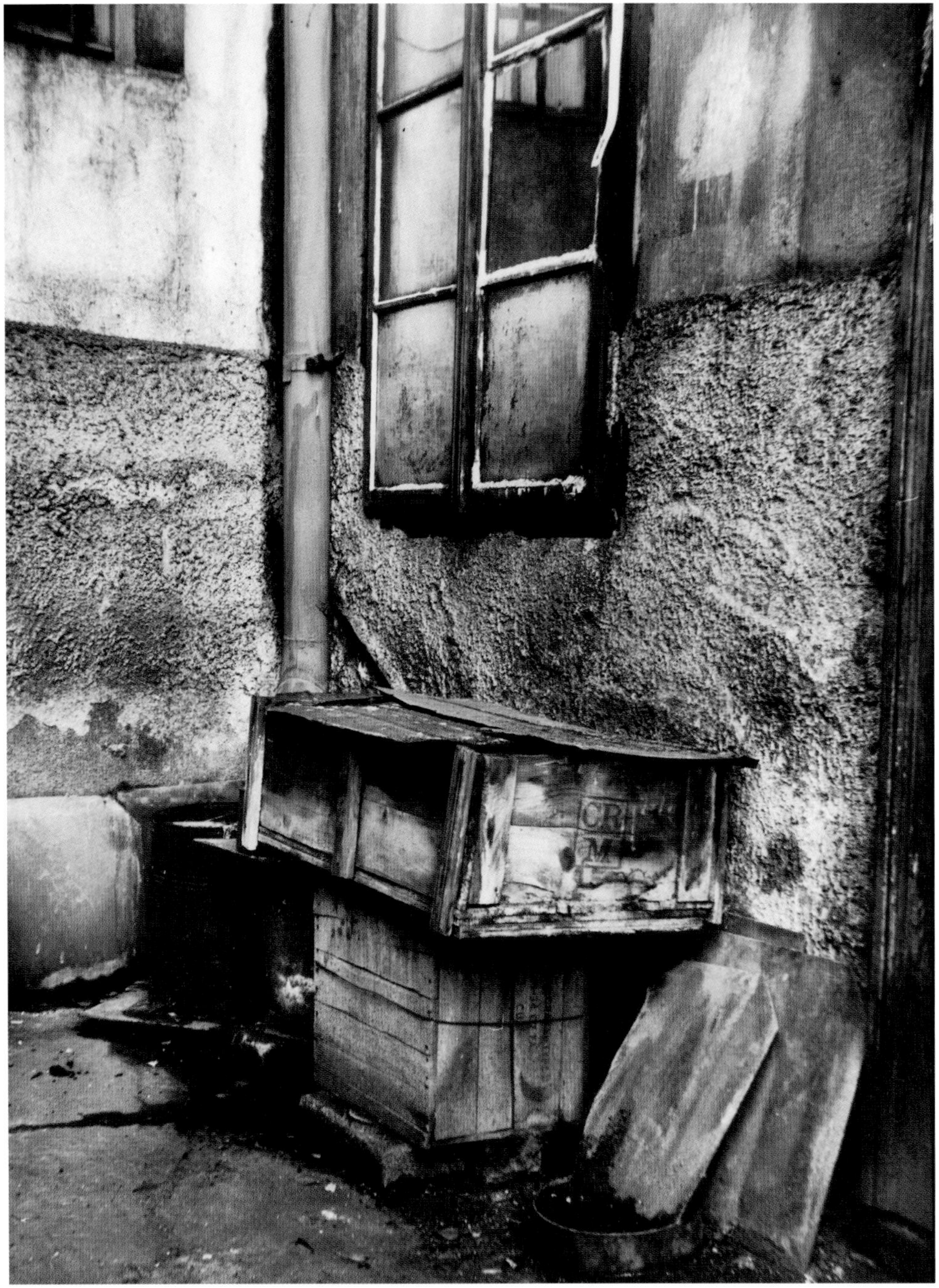

1975

Bez názvu / Untitled

1975

Zákoutí s okapovou rourou

/ Corner with Drainpipe

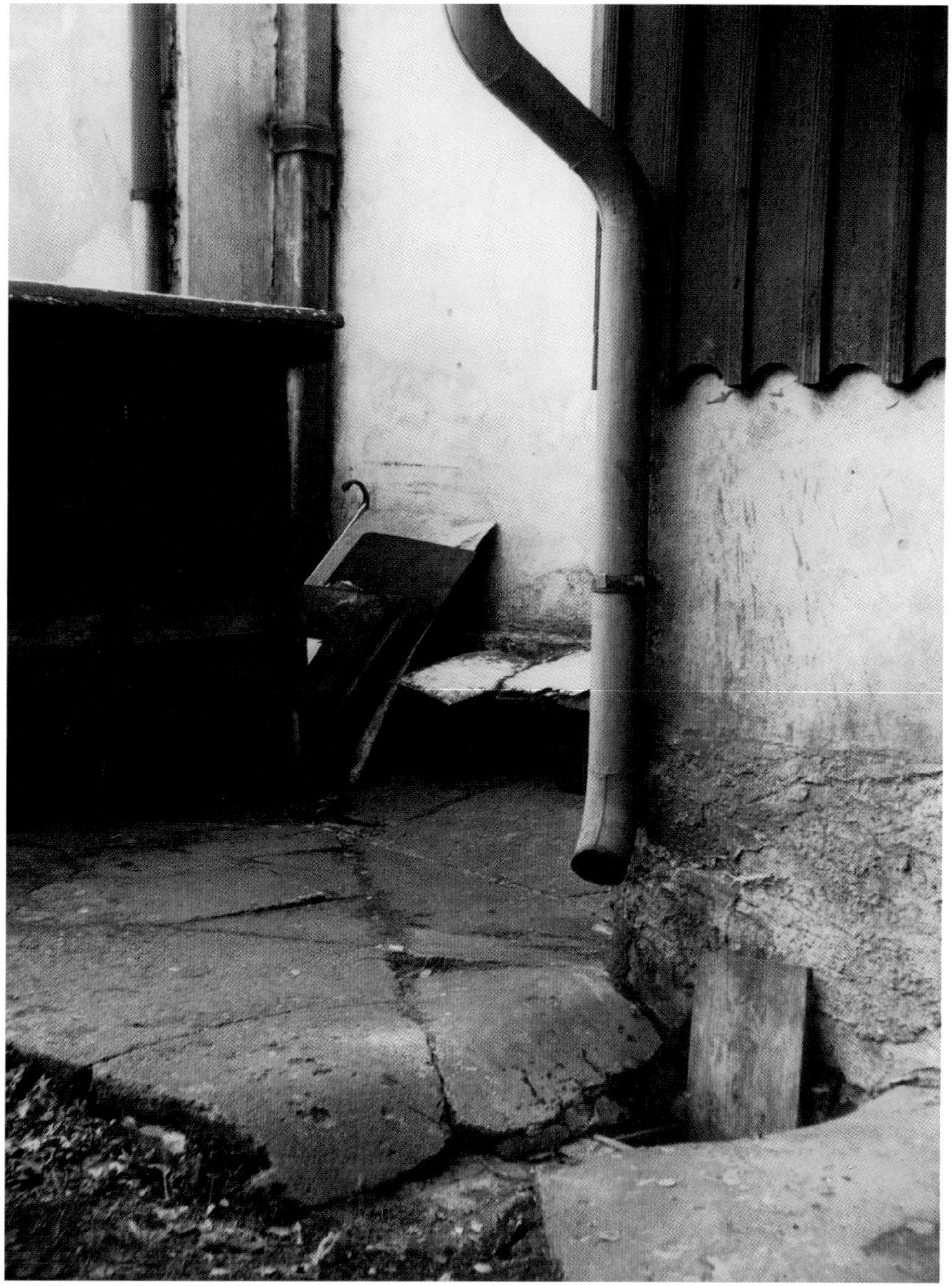

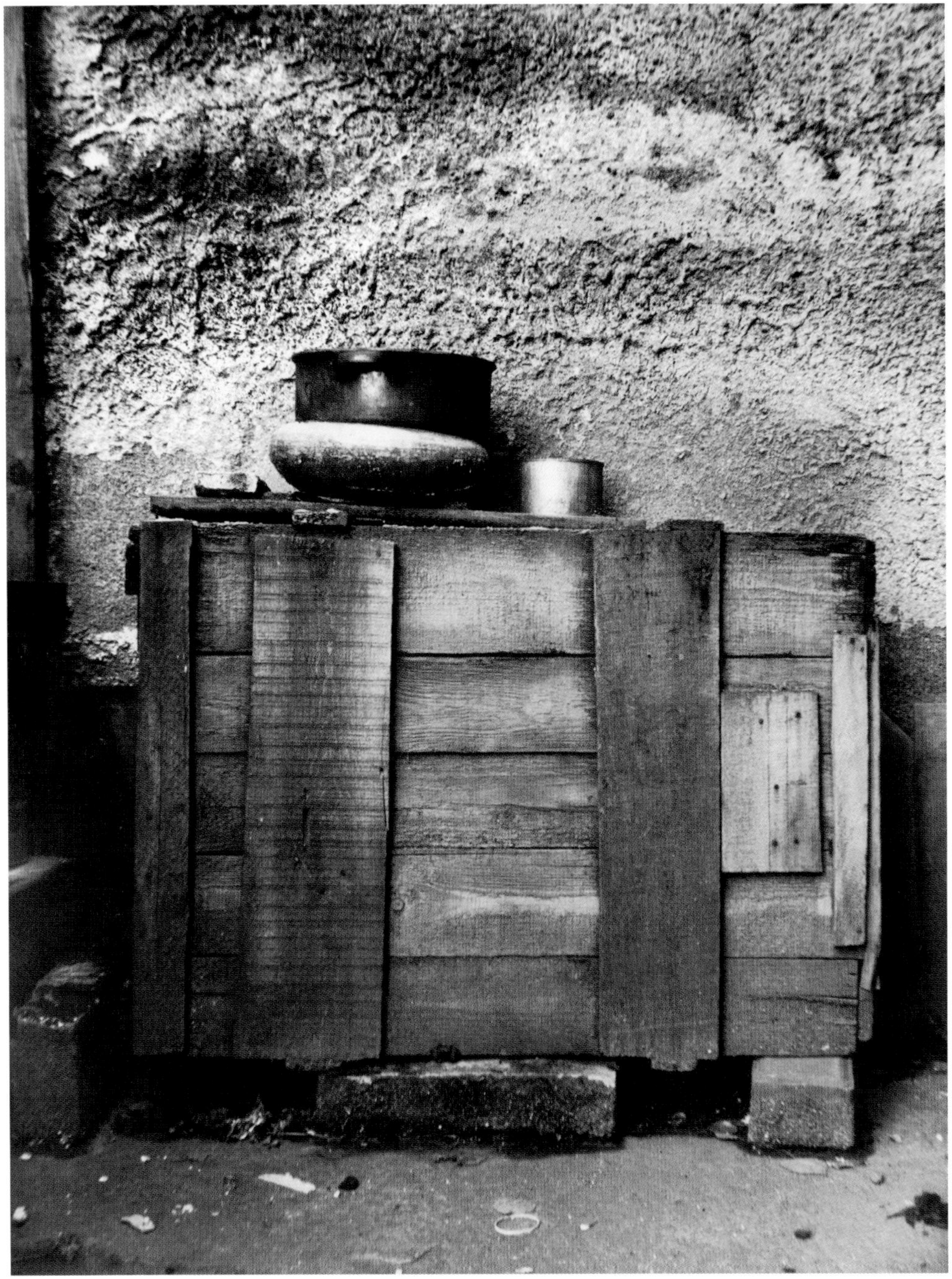

1975

Bez názvu / Untitled

1964

Bez názvu / Untitled

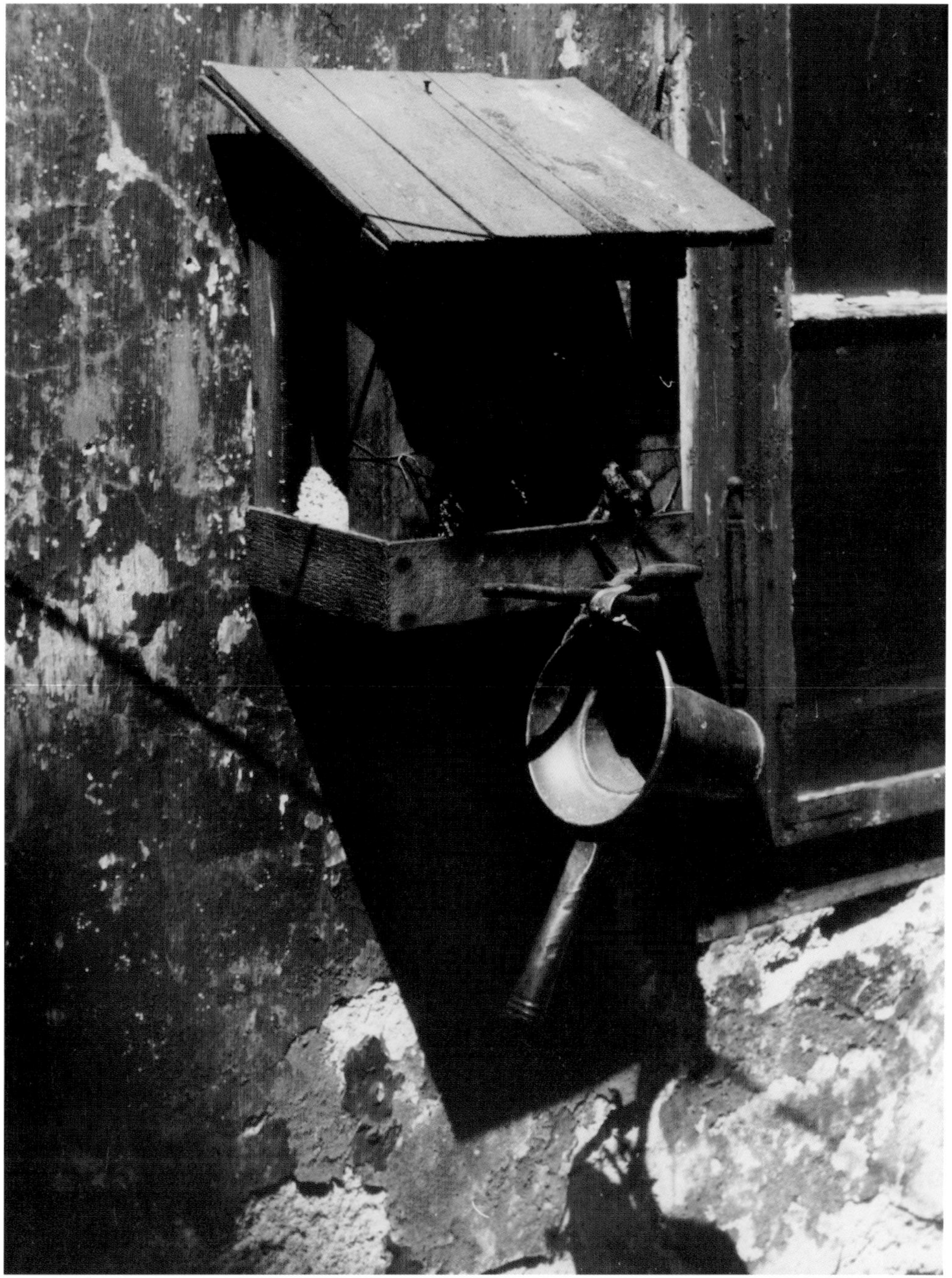

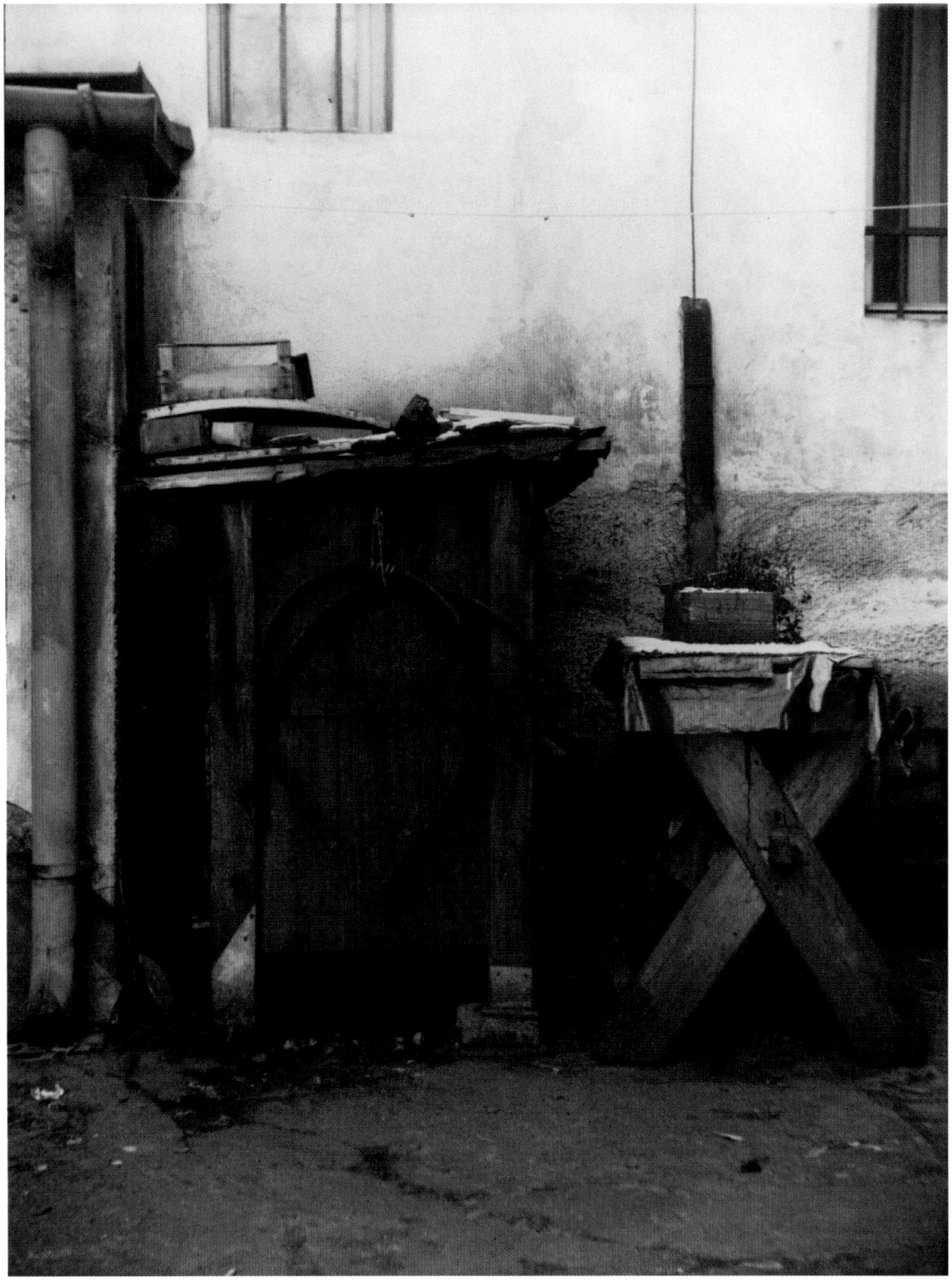

1975

Všední věci

/ Everyday Things

1975

Popelnice s čísly

/ Ashcans with Numbers

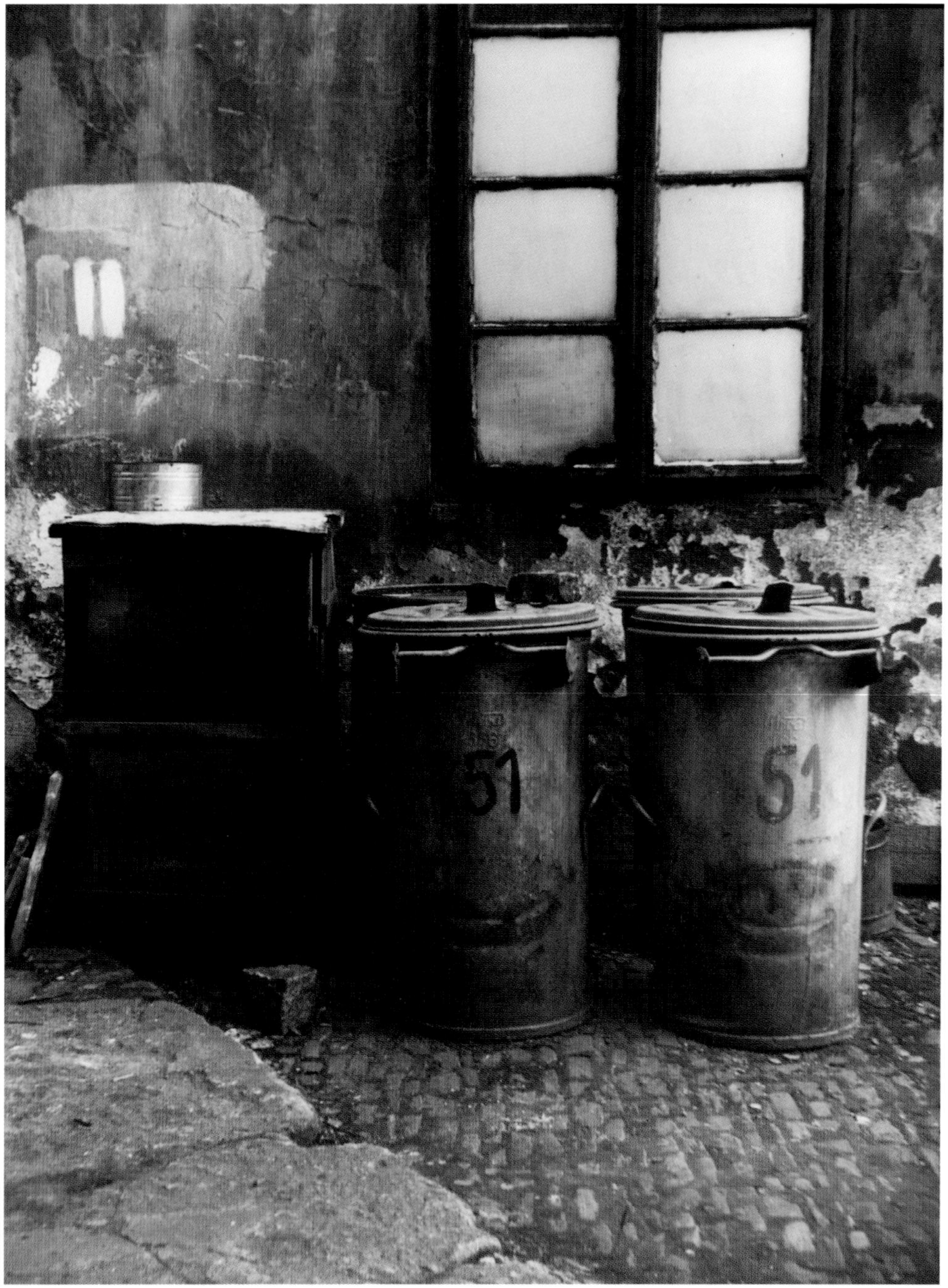

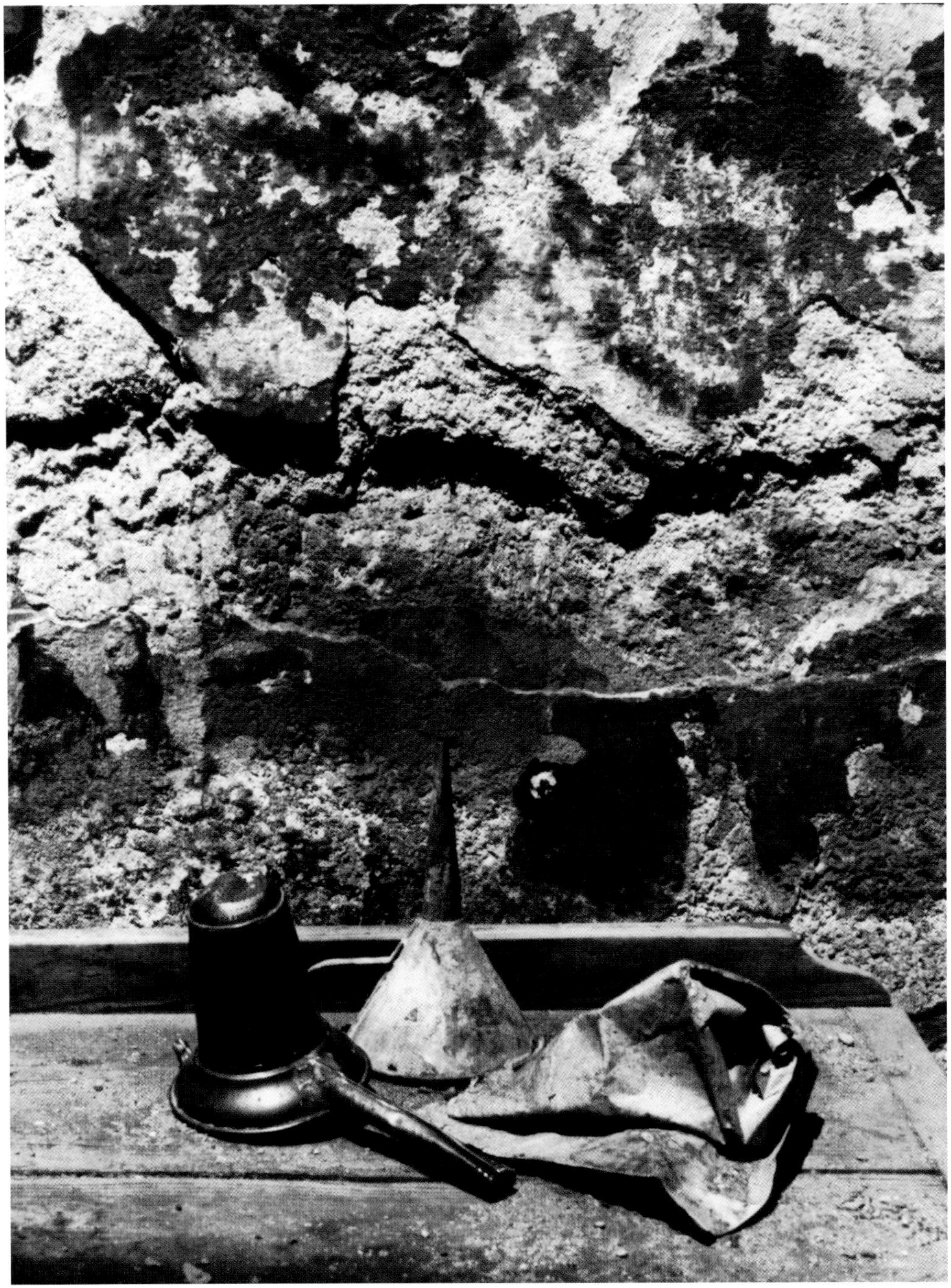

1964
Zátiší u zdi
/ Still-Life by Wall

1964

Zátiší s kočkou na plakátu

/ Still-Life with Cat on Poster

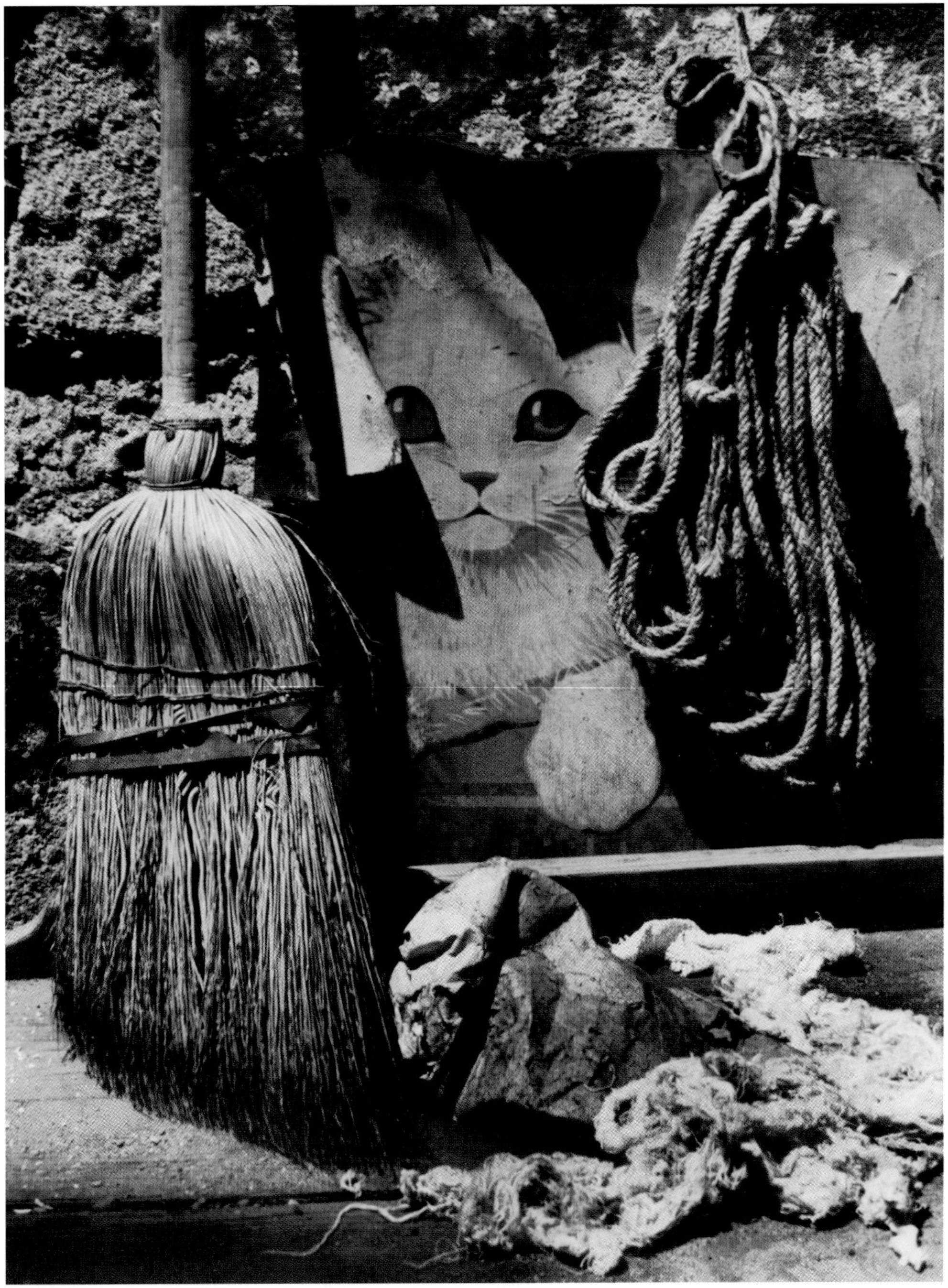

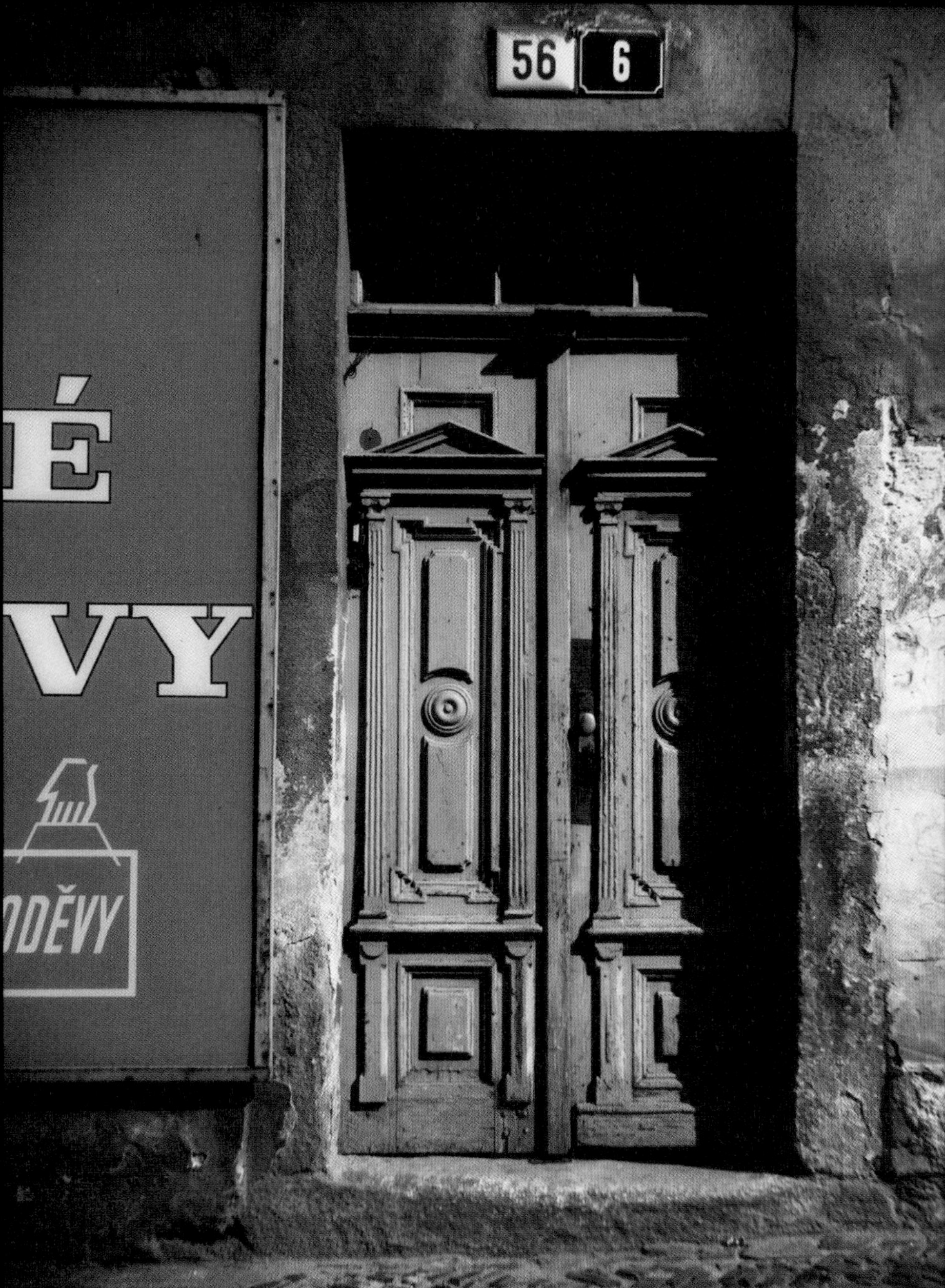
56
6
É
VY
ODĚVY

Dveře a dveře_1978–1983

Když jsem fotografoval první dveře, byly to staré dveře dřevěné. Připomínaly svým reliéfem nějaký objekt, s přísnou jednoduchou tektonickou skladbou obou dřevěných částí a mírně porušenou symetrií. Byly to dveře venkovské, v zahradní zdi, dávno nepoužívané, zčásti zarostlé býlím. Čas i atmosférické vlivy vytvořily na povrchu dřeva nenapodobitelnou strukturu a výraz.
Od té doby jsem začal dveře pozorovat a vidět je jako samostatné výtvarné objekty, které při určité shodnosti prvků a podobnosti řemeslné práce nabývají přesto neobyčejné rozdílnosti už třeba jen tím, do jaké stěny nebo materiálu zdí jsou zasazeny. Jsou to dveře z nejrůznějších dob a vždy jen některé vyberu, které citlivému pozorovateli mohou sdělit totéž, co psychologické portréty lidí nebo záběry krajin a zátiší. Vedle jejich krásy tvarové nabízí se k domýšlení sémantická pozadí. Dveře jako pouhý vchod, dveře uzavřené, zatlučené, opuštěné, dveře překážka, dveře barikáda, dveře jako spojení, dveře k někomu, dveře nádherná kazeta, dveře výplň a dveře k otvírání, k uzamknutí, dveře ve zdech, v plotech, zídkách, dveře garáží a dílen, dveře chalup a činžovních domů, dveře spojující a oddělující, dveře tvar, dveře rytmus a symetrie dvou částí, dveře k obydlí, k člověku, dveře a dveře...

Doors and Doors_1978–1983

When I photographed my first door, it was an old wooden one. With its relief, it resembled an art object with a slightly broken-up symmetry and a strict and simple tectonic composition of both its parts. It was a rural door in a garden wall, long unused and partially overgrown by weeds. Time and the elements had given the surface of the wood an inimitable texture and expressiveness.
This is when I began watching doors and seeing them as autonomous art objects that, even when there is a certain congruence of elements and similarity of artisanal work, nevertheless are uncommonly distinctive merely by dint of the material of the wall into which they have been fitted. The doors date from different eras, and I only choose those that might share with the sensitive viewer the same message as psychological portraits of people or images of the landscape and still-lifes. Besides the beauty of their form, their semantic background begs to be contemplated as well. Doors as a mere entryway, doors that are closed, nailed shut, abandoned; doors as obstacle, as barricade, as a connection; doors to someone, beautiful door frames, door panels; doors for opening and locking, doors in walls, fences, partitions; garage doors, workshop doors, doors to farmhouses and tenement buildings; doors that separate and doors that connect, the shape and rhythm of doors, the symmetry of two parts, doors to dwellings, to people, doors and doors...

1978

Bez názvu / Untitled

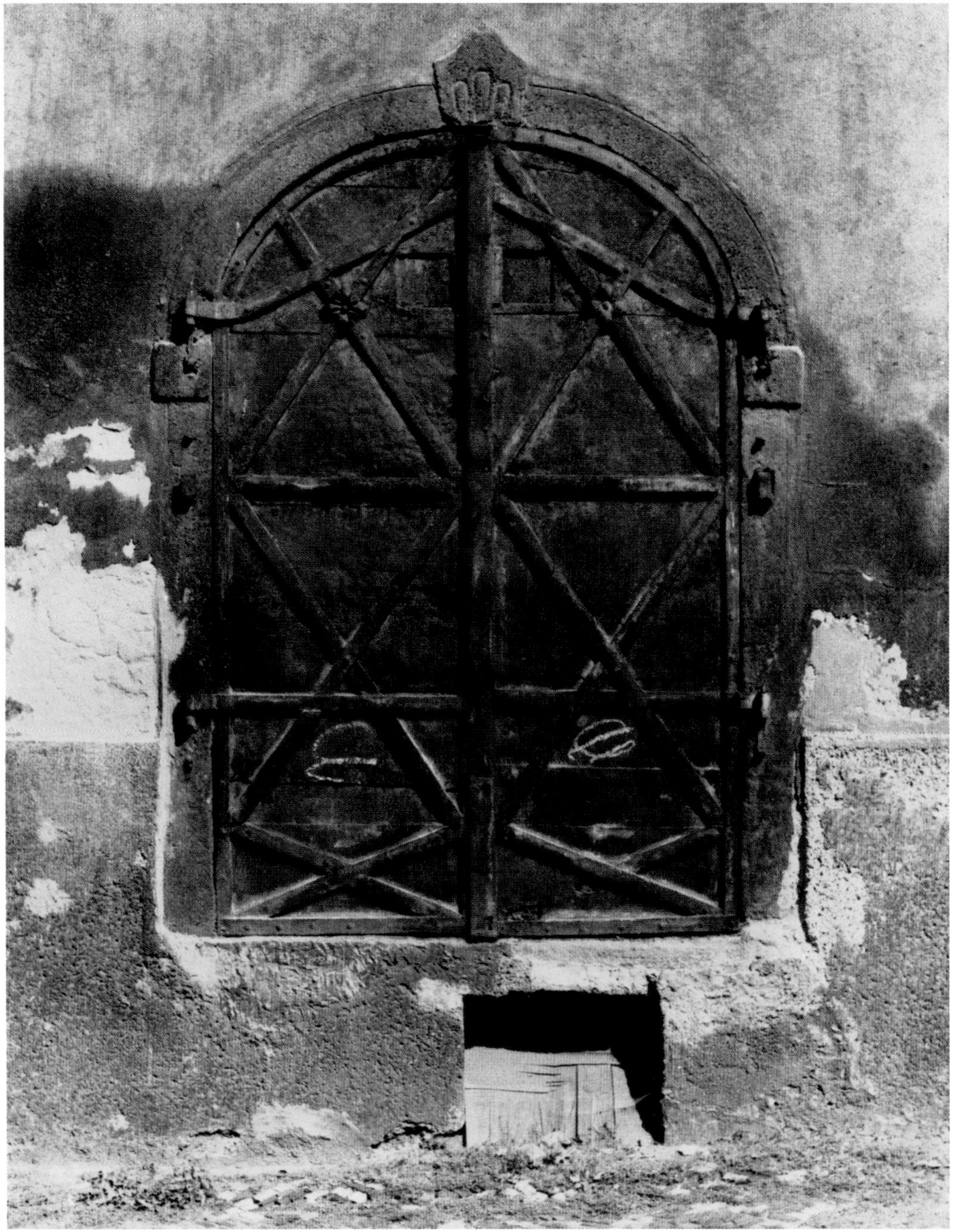

1978

Geometrie dveří 2

/ The Geometry of Doors 2

1983

Bez názvu / Untitled

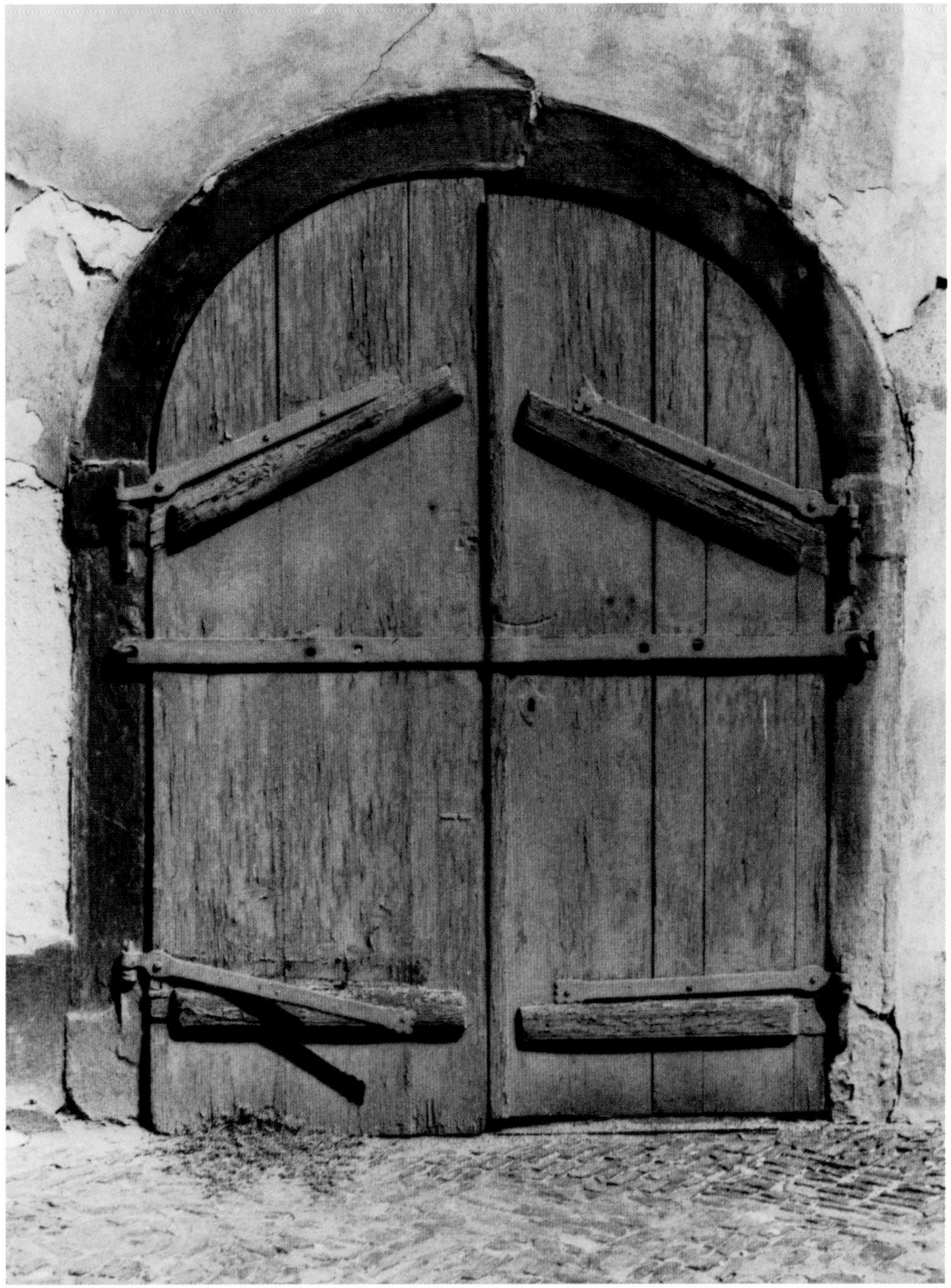

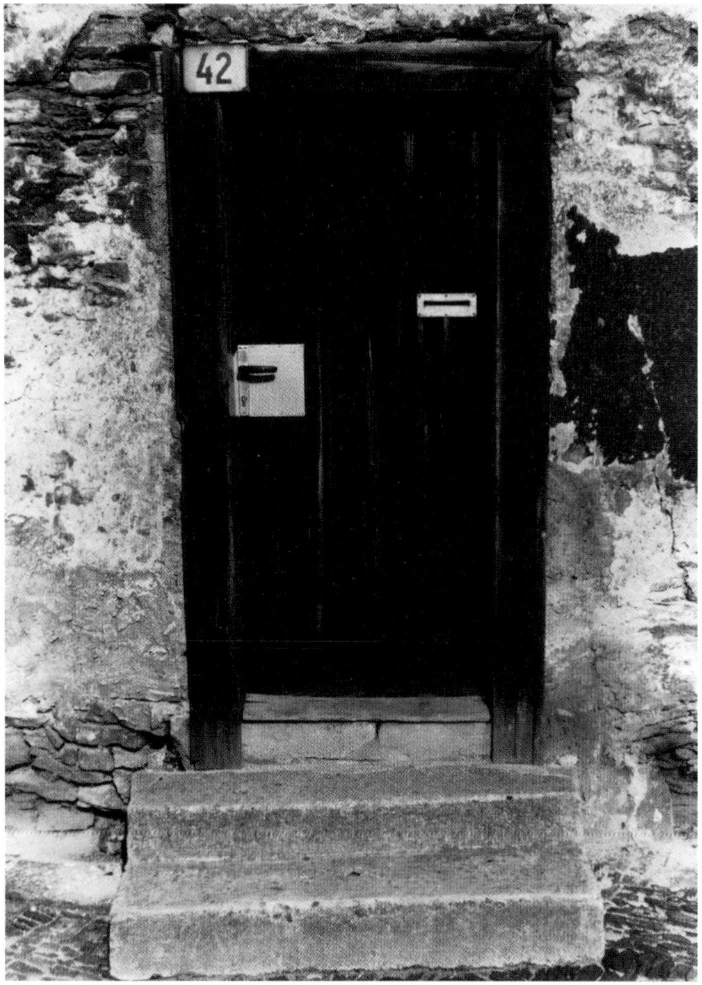

1978

Bez názvu / Untitled

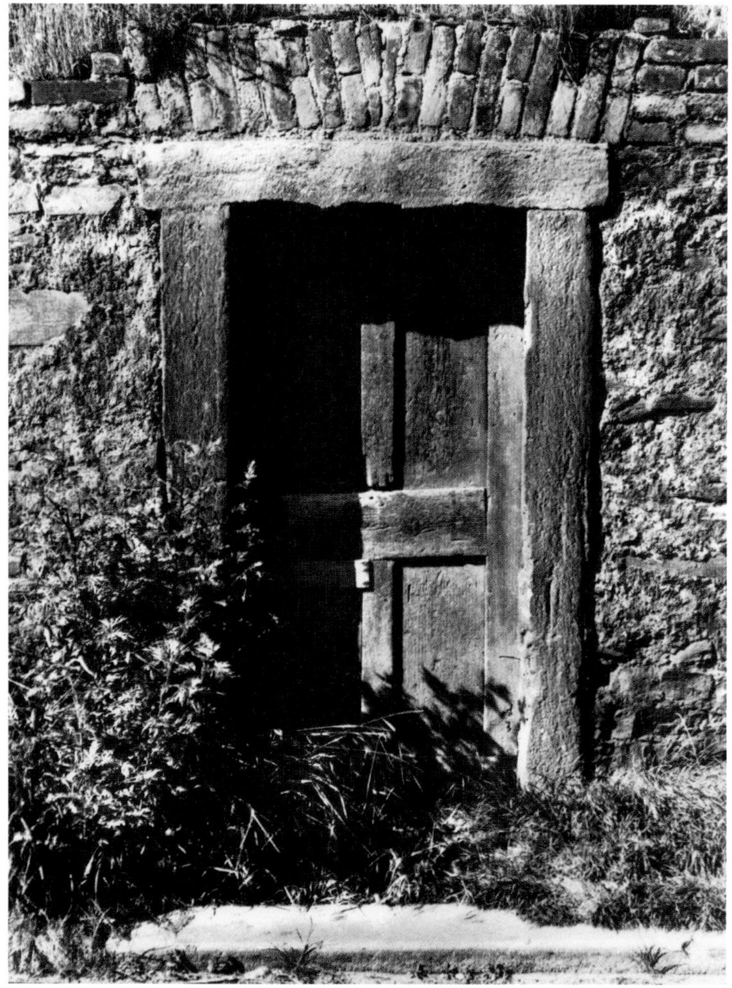

1978

Dveře a čas / Door and Time

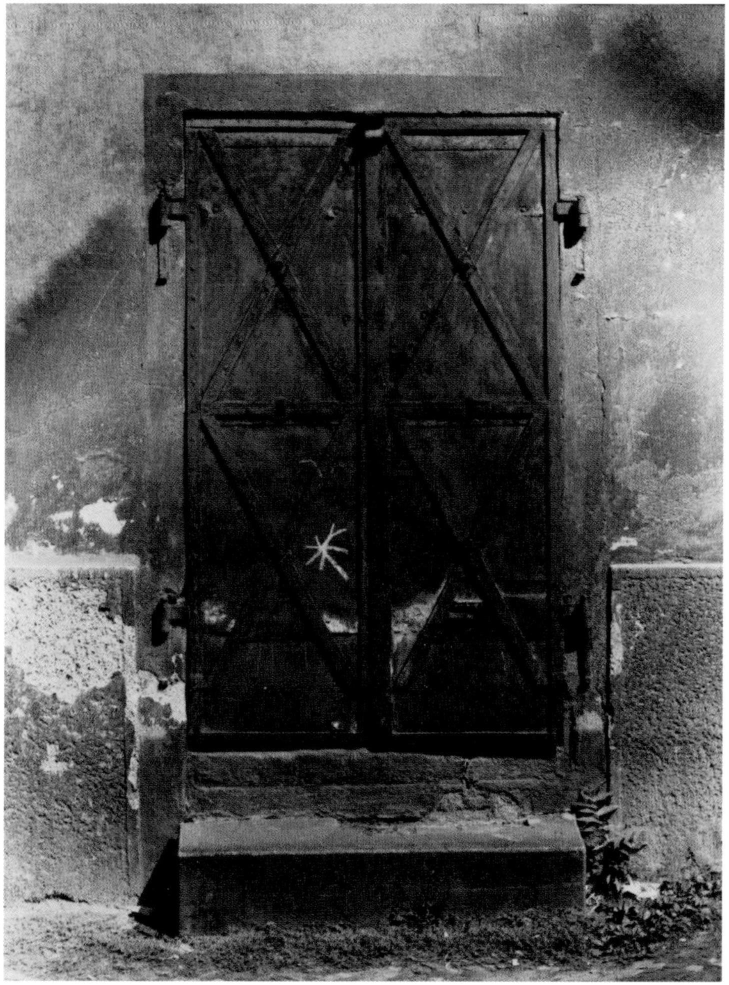

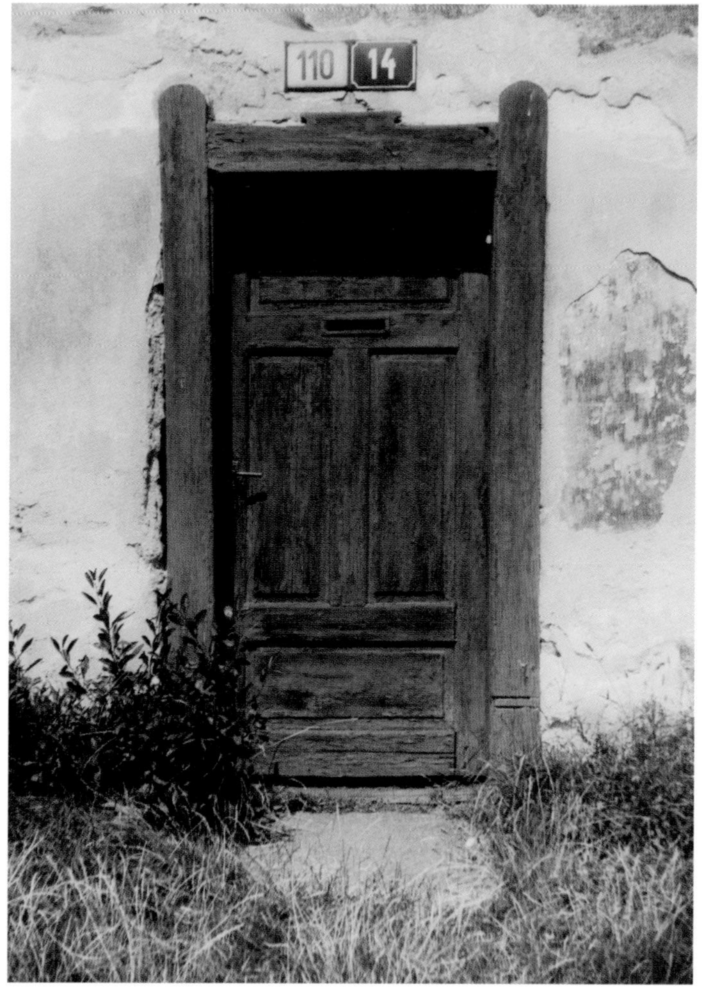

1978
Bez názvu / Untitled

1978
Bez názvu / Untitled

1978

Bez názvu / Untitled

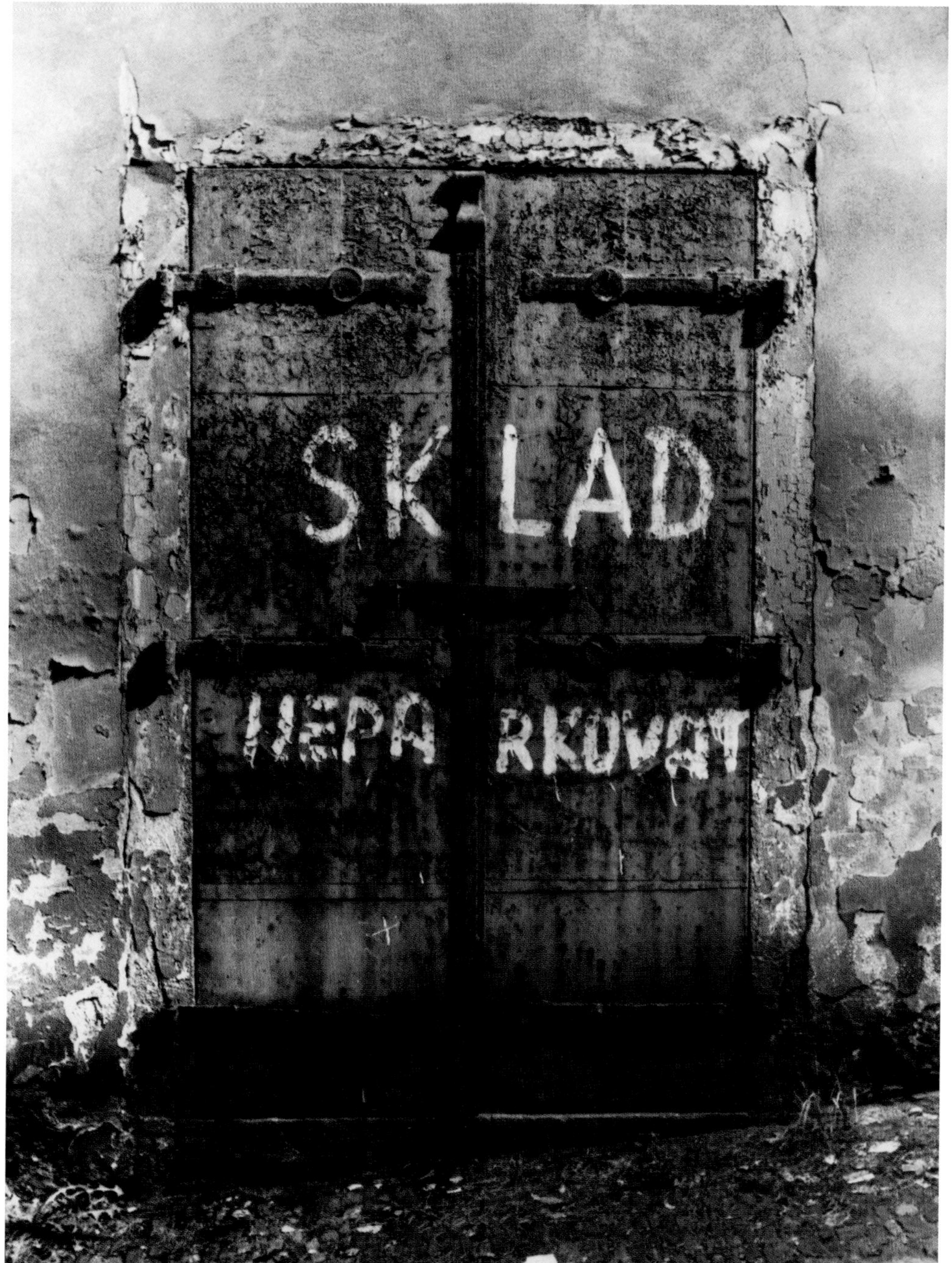
SKLAD
NEPA RKOVAT

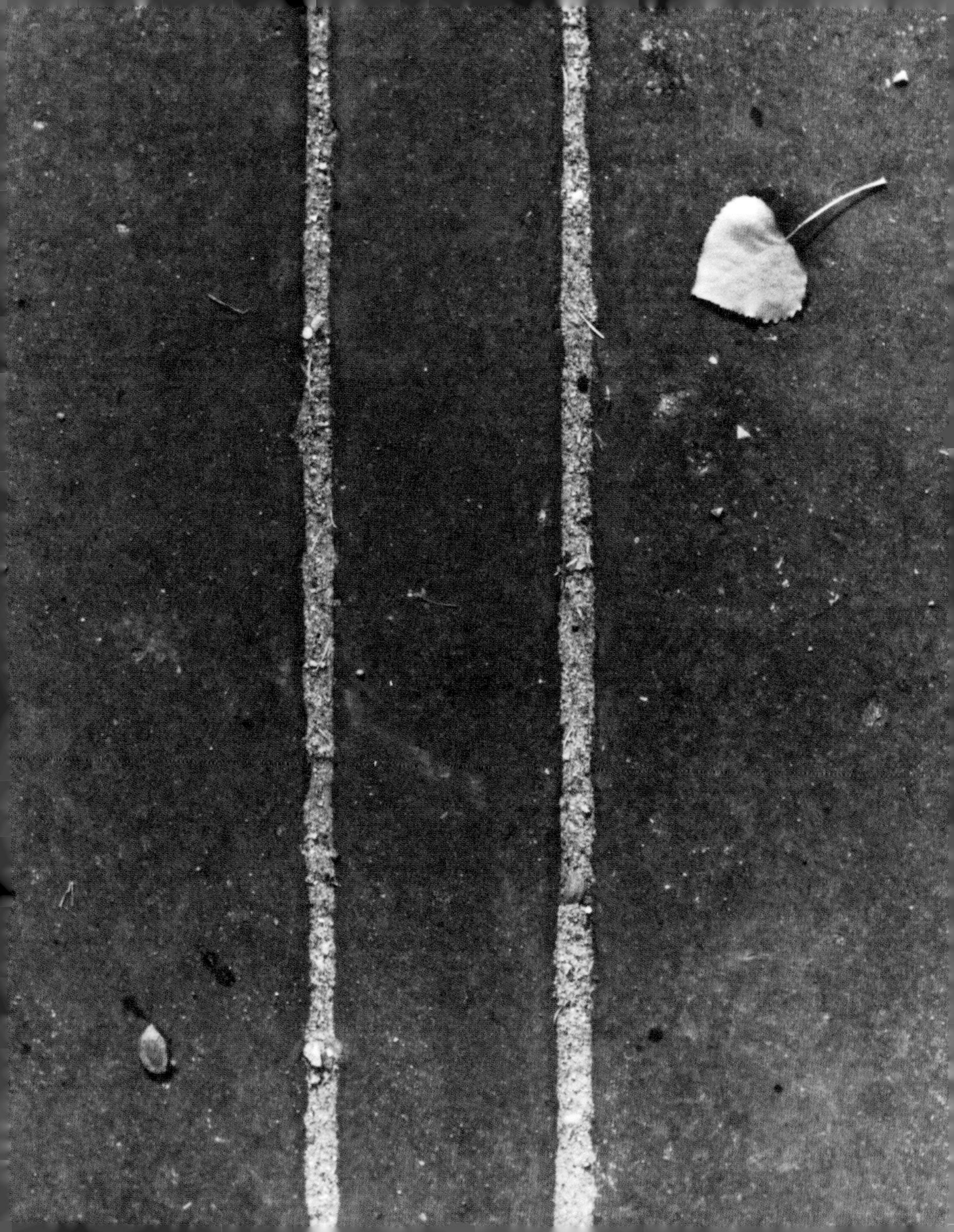

Někde něco_1985

Somewhere Something_1985

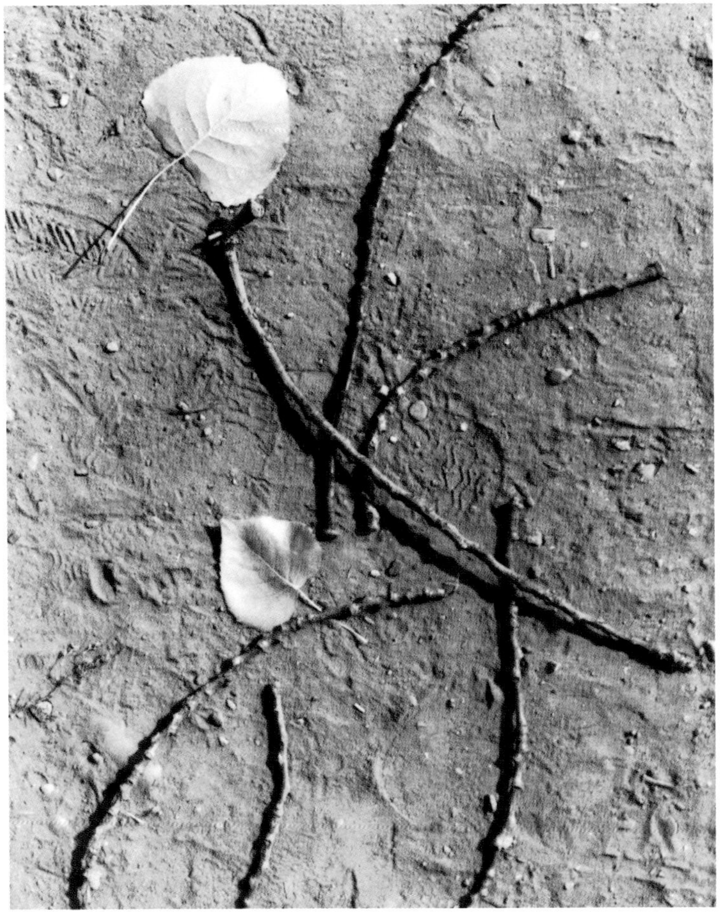

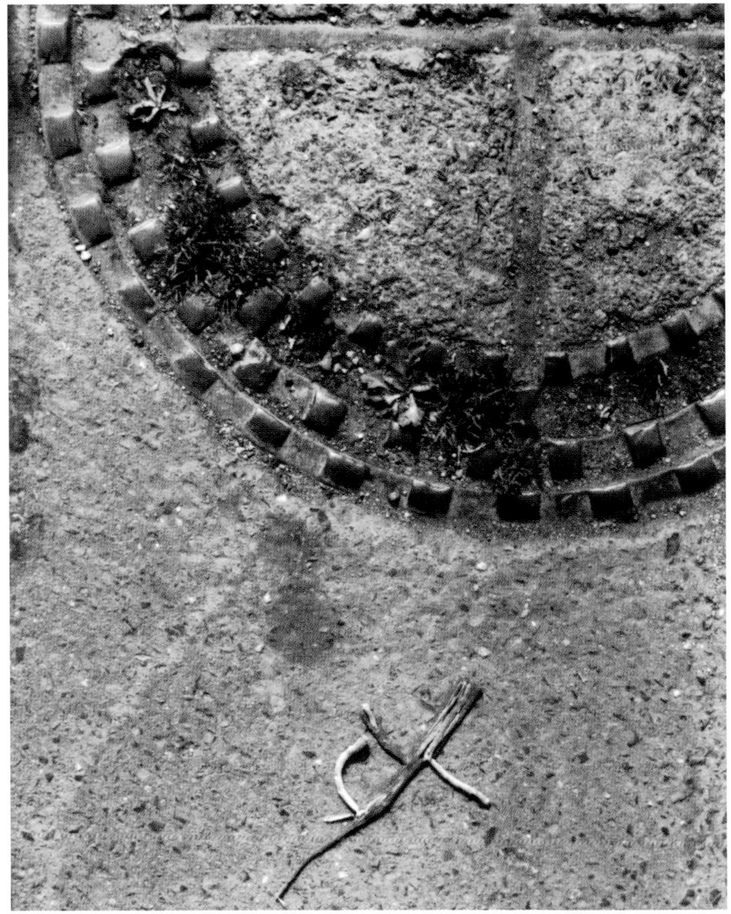

1985

Někde něco

/ Somewhere Something (4×)

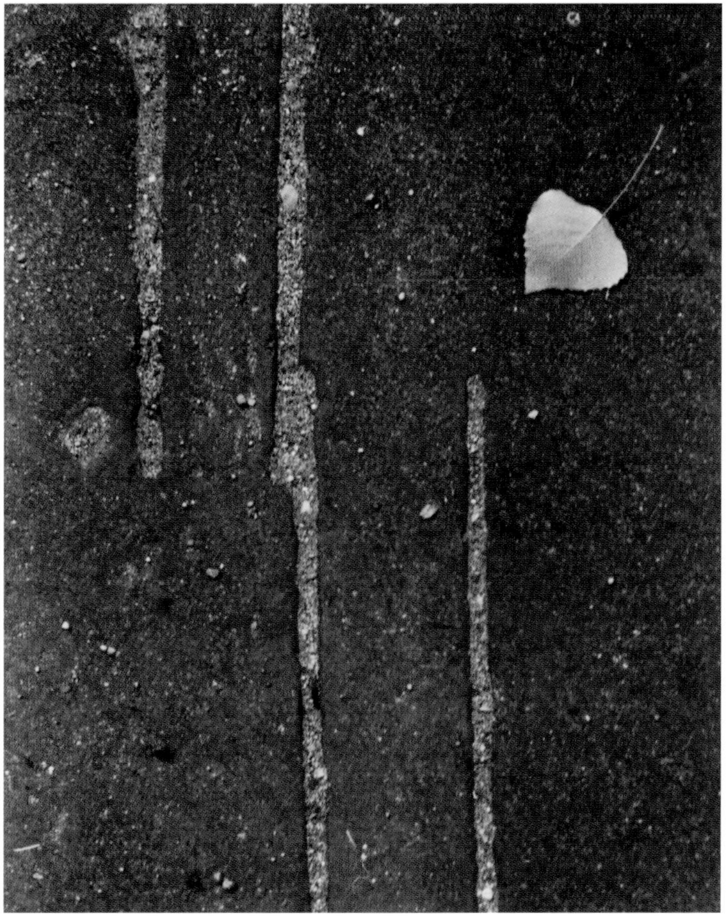

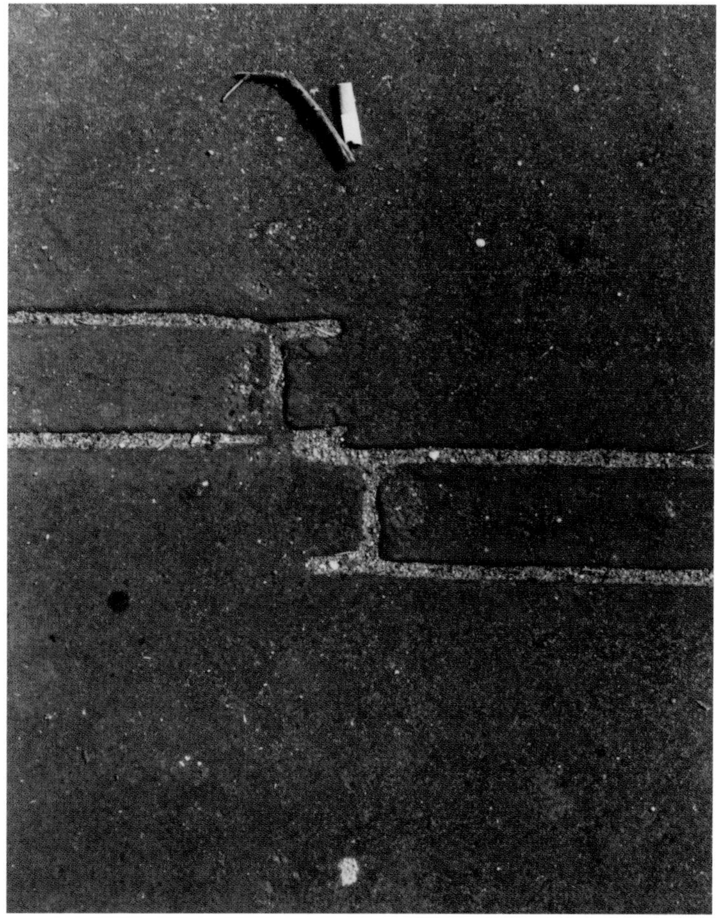

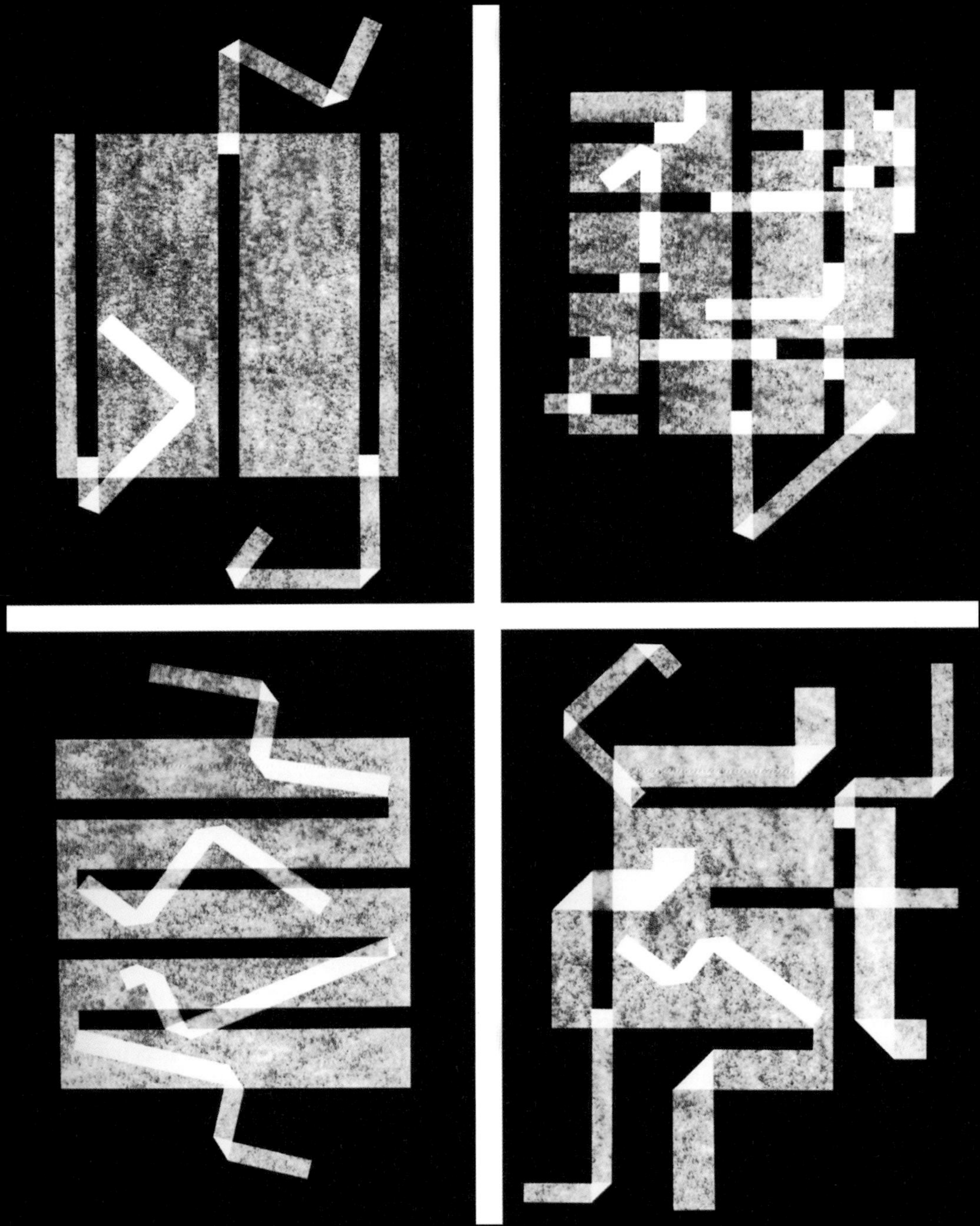

Fotogramy_1984–1985

Na počátku osmdesátých let jsem začal dělat fotogramy. Zprvu jsem zkoumal možnosti tohoto média. Ze zahrady kolínského domu, kde jsem vyvolával, jsem přinášel různé listy. Zaujalo mě, jak fotoosvit jejich podobu zachytí, promění a ozvláštní. Zároveň jsem si uvědomil, že tyto přírodniny a později i různé předměty (rozbíjel jsem a osvěcoval třeba skleněná víčka ze starých zavařovacích sklenic) mohou vlastně převzít funkci grafických elementů z mých obrazů a přitom vyjádřit stejné základní principy jako maximální, minimální, celek a část, dělení apod. Kladl jsem listy vedle svých kreseb. Fascinoval mě kontrast přírodních a geometrických forem.
„Přírodní fotogramy" jsem ale brzy opustil. Zjistil jsem, že technologie fotogramu může velmi dobře a jinak posloužit ke znázornění mých výtvarných principů. Pracoval jsem s papíry, rozstřihával je, různě ohýbal a „dislokoval" a pak jsem použil exponování jako grafickou metodu, pomocí níž jsem vytvořil sérii *Forma–akce*. Průsvitnost osvěcovaného papíru dodávala zobrazení jiný výtvarný účinek než neprůhledné syté barvy na obraze. Akce s formou byla na fotogramu navíc zřetelnější a živější a divák ji mohl lépe vysledovat. Vznikalo esteticky zajímavé a někdy i nečekané překrývání a prolínání. Fotogramy se vyvíjely jinak a jinam než tatáž myšlenka vyjádřená malířsky. Řada geometrických fotogramů navázala na sérii *Forma–akce,* kterou jsem dělal v kresbách, obrazech či kolážích, a stala se jejich doplněním.

Photograms_1984–1985

In the early 1980s, I began to make photograms. At first, I tested the possibilities of this medium. I gathered various leaves from the garden of the house in Kolín where I developed my film. I was interested in how the exposure would capture, transform, and add to their form. At the same time, I realized that these natural objects and, later, various other items (for instance, I shattered and exposed glass lids from old jars) could essentially take over the function of graphic elements in my paintings while expressing the same basic principles such as maximum and minimum, whole and part, division, and so on. I placed the leaves next to my paintings. I was fascinated by the contrast of natural and geometric forms.
But I soon abandoned these "natural photograms." I discovered that the technique of the photogram could be excellently and differently applied to the depiction of my artistic principles. I worked with paper, cutting it up, bending it in various ways or "dislocating" it. Then I used exposure as a graphic method to create the series *Form-Action*. The translucency of the exposed paper gave the image a different visual effect than opaque saturated paints on a painting. What is more, in a photogram, this action with form was more visible and more vibrant, and the viewer could see it better. It also produced aesthetically interesting and sometimes unexpected overlapping and intertwining effects. The photograms developed differently and in a different direction than the same idea expressed in painting. These geometric photograms were a continuation of the drawings, paintings, and collages that I had made as part of my series *Form-Action,* which they now complemented.

1984
Untitled / Bez názvu
fotogram / photogram 30 × 24 cm

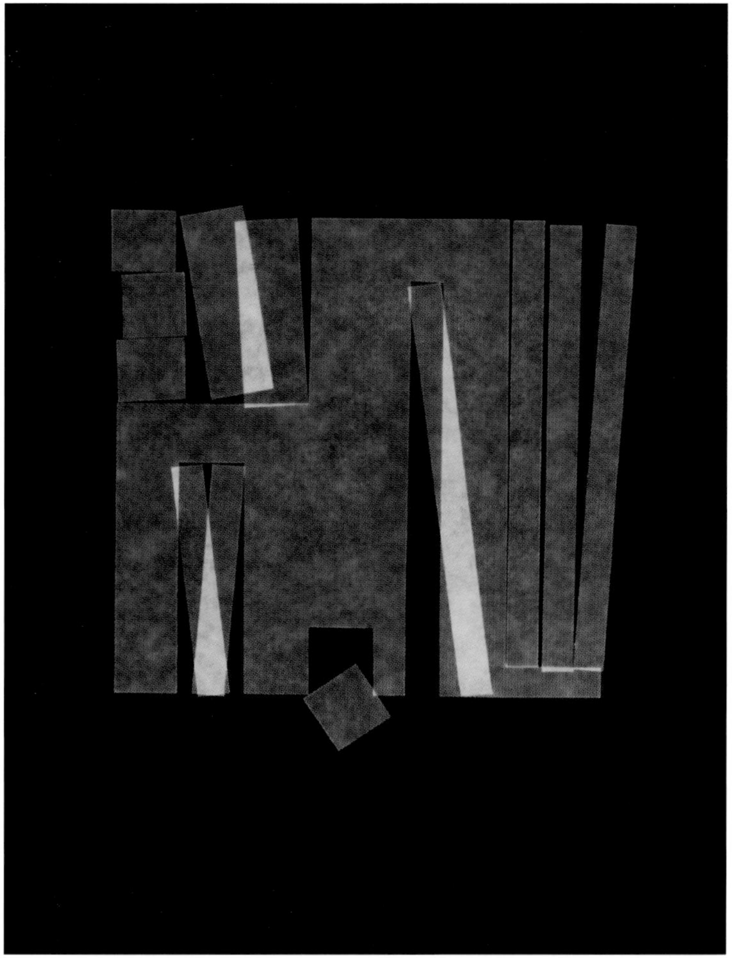

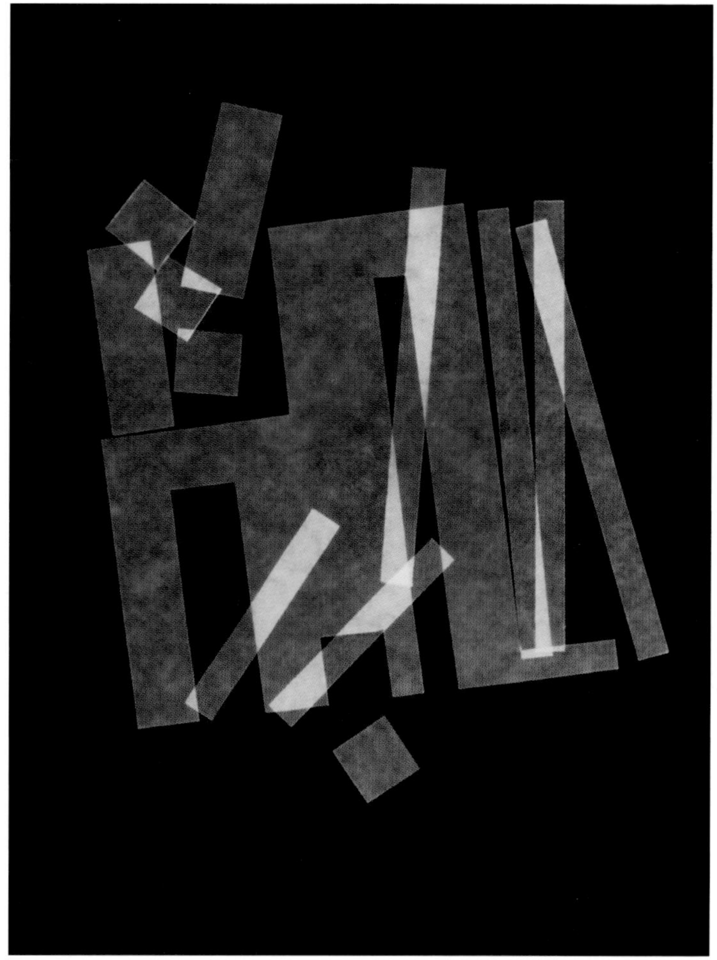

1985

 Akce se čtvercem, fáze 1–7 / Action with Square, phases 1–7

 fotogram / photogram 24 × 18 cm (s. / pp. 88–91)

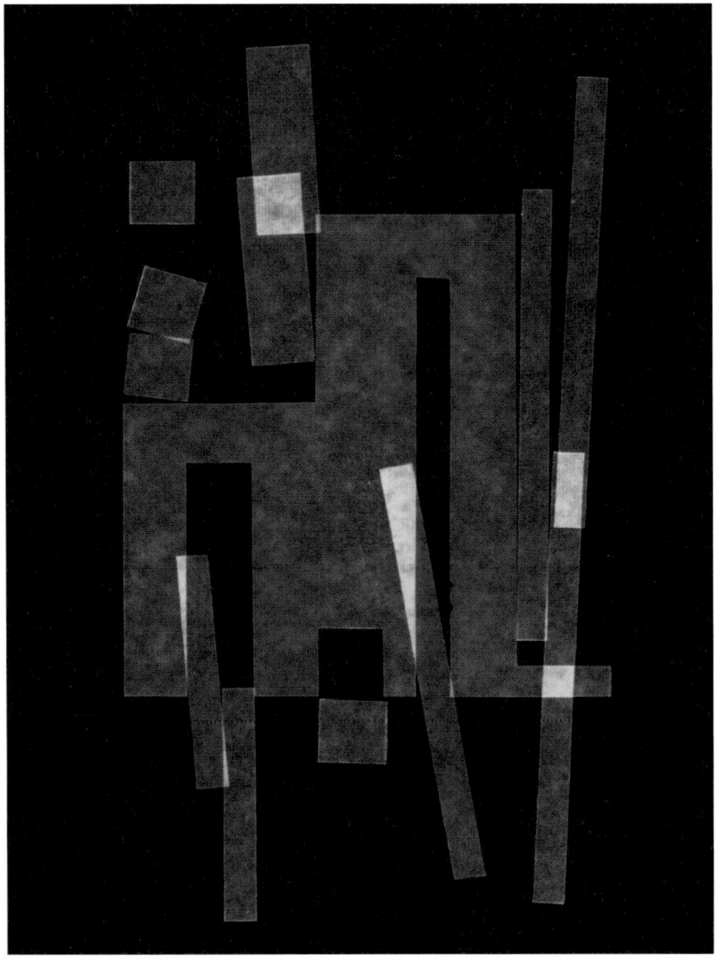

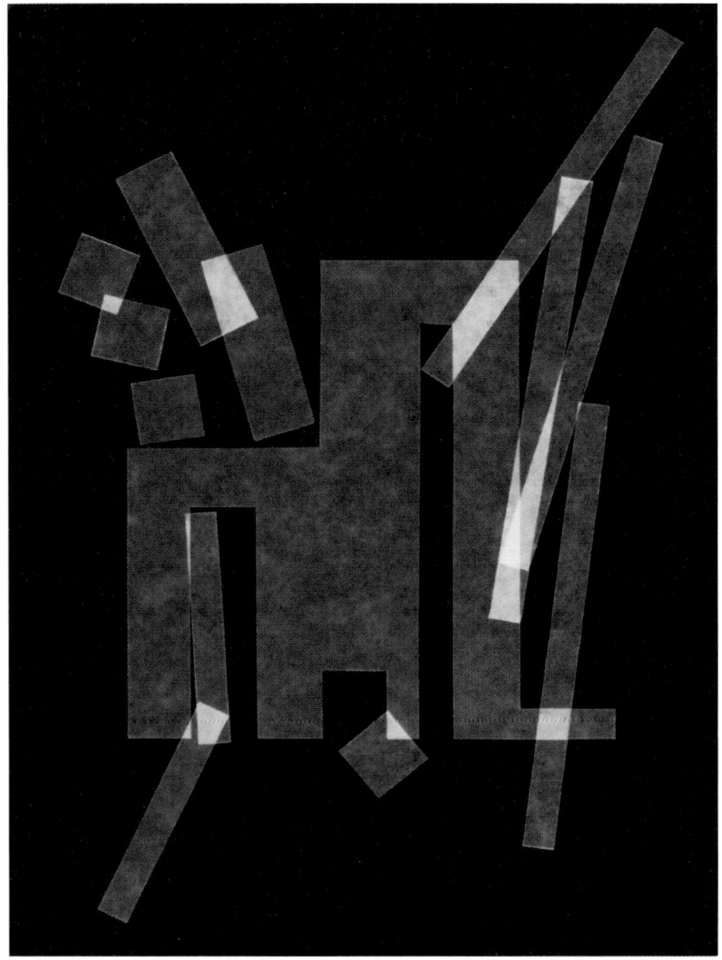

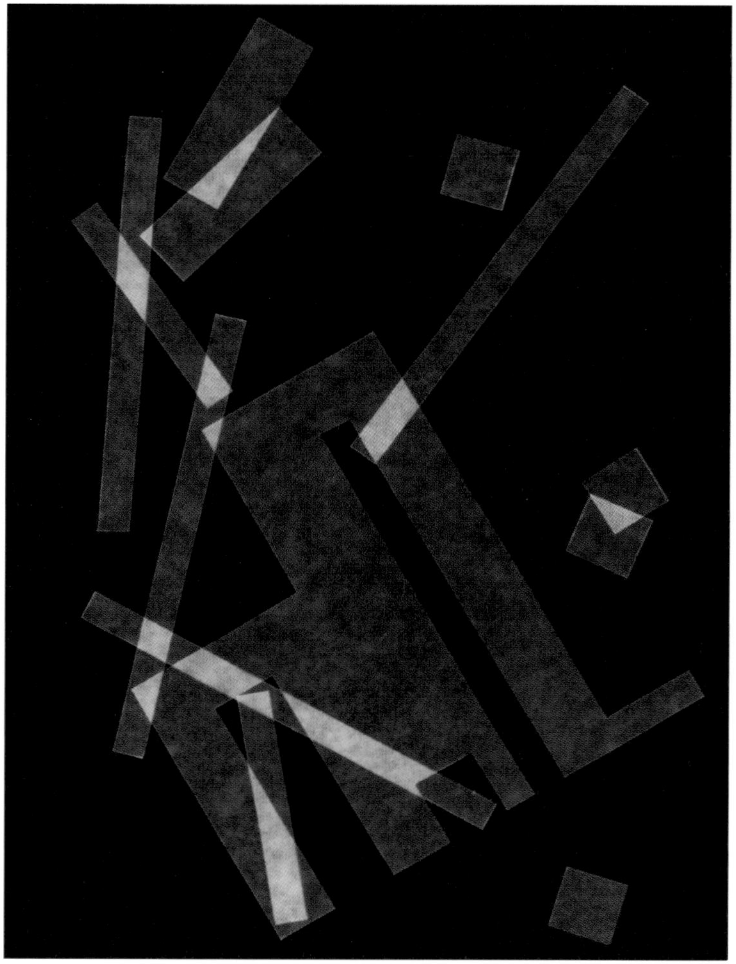

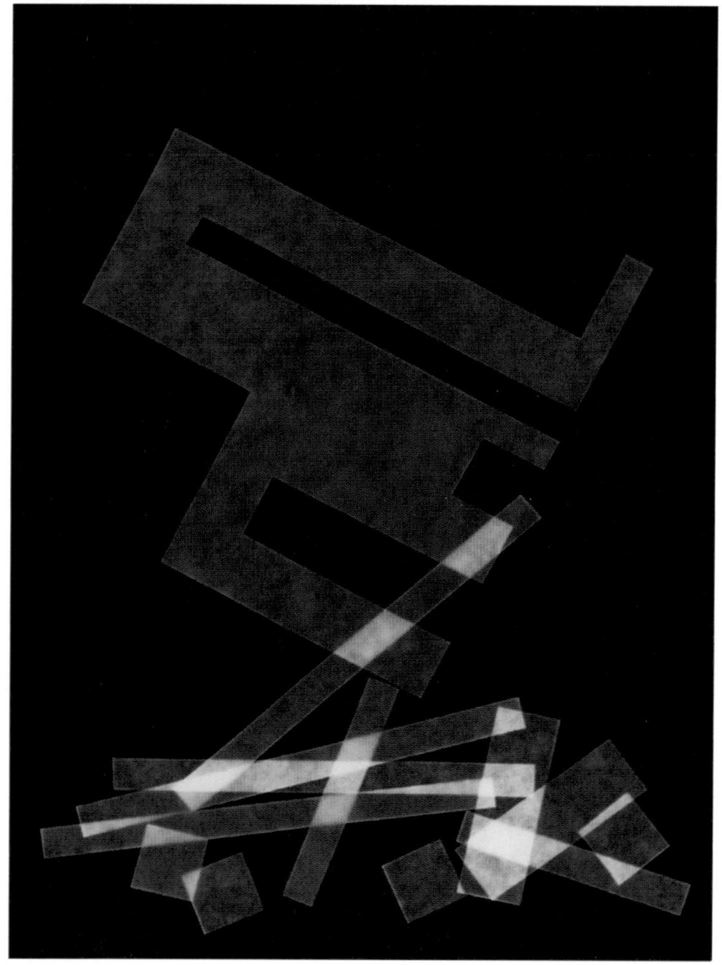

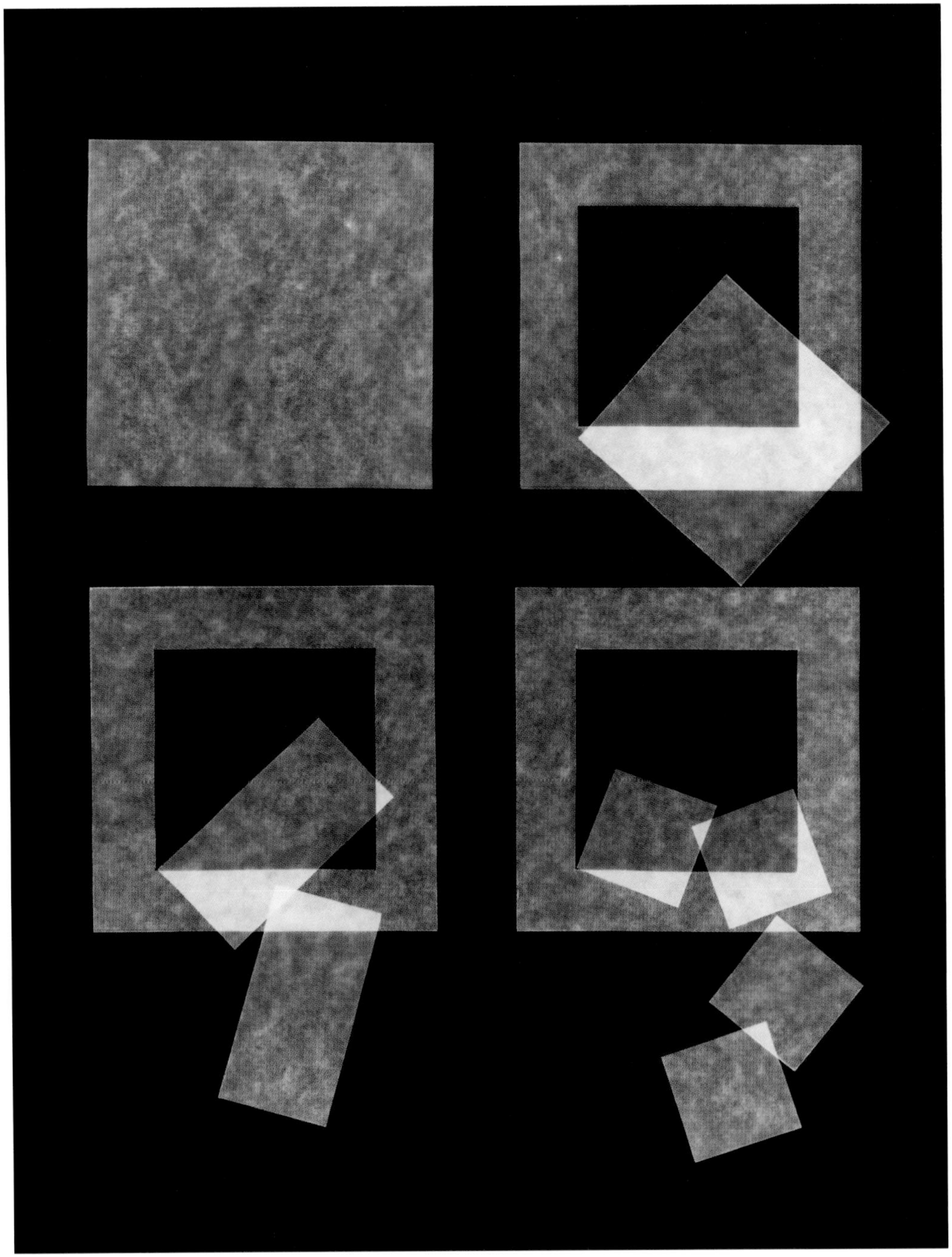

1985
Forma–akce / Form–Action
fotogram / photogram 40 × 30 cm

1984–1985

Forma–akce / Form–Action

fotogram / photogram 40 × 30 cm

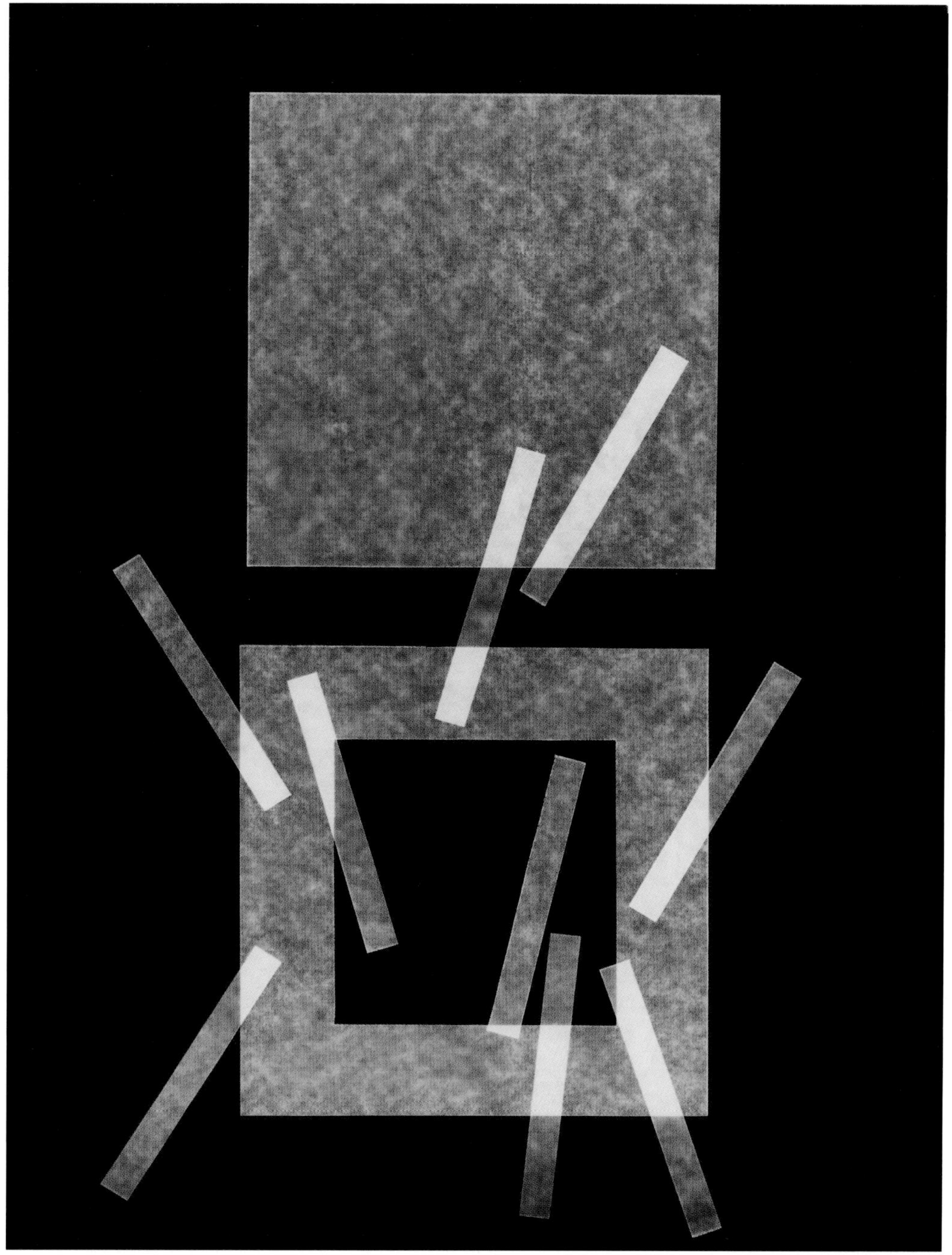

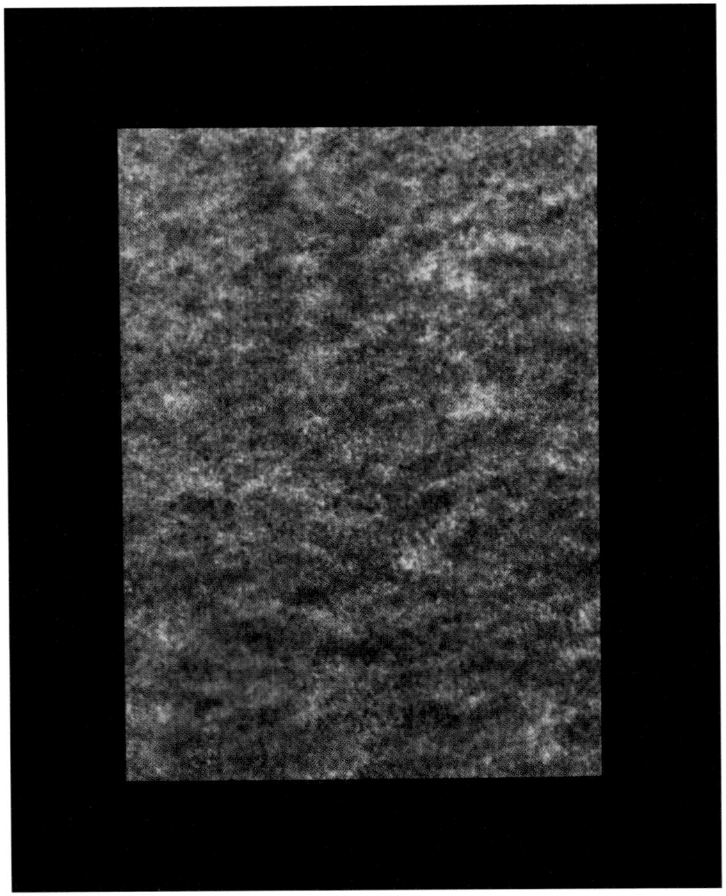

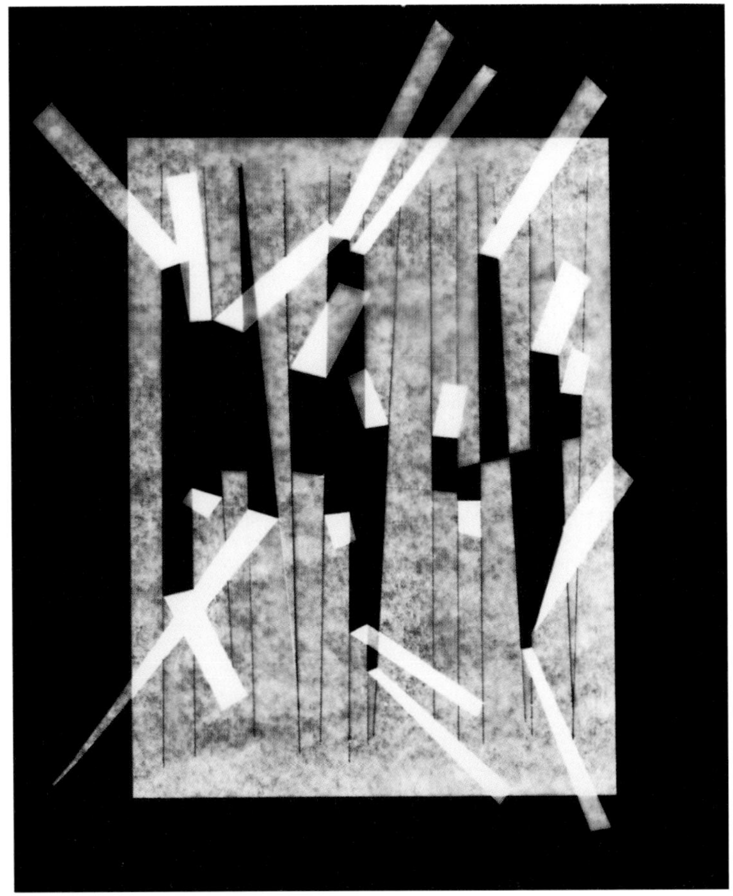

1984

Akce s obdélníkem, fáze 1–4 / Action with Rectangle – phases 1–4

fotogram / photogram 30 × 24 cm (s. / pp. 94–95)

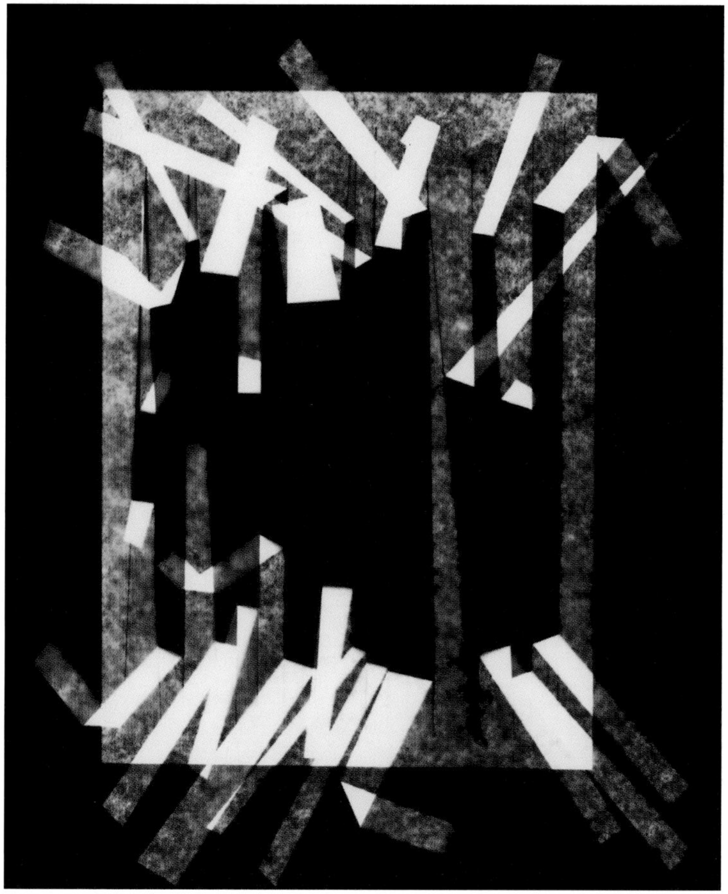

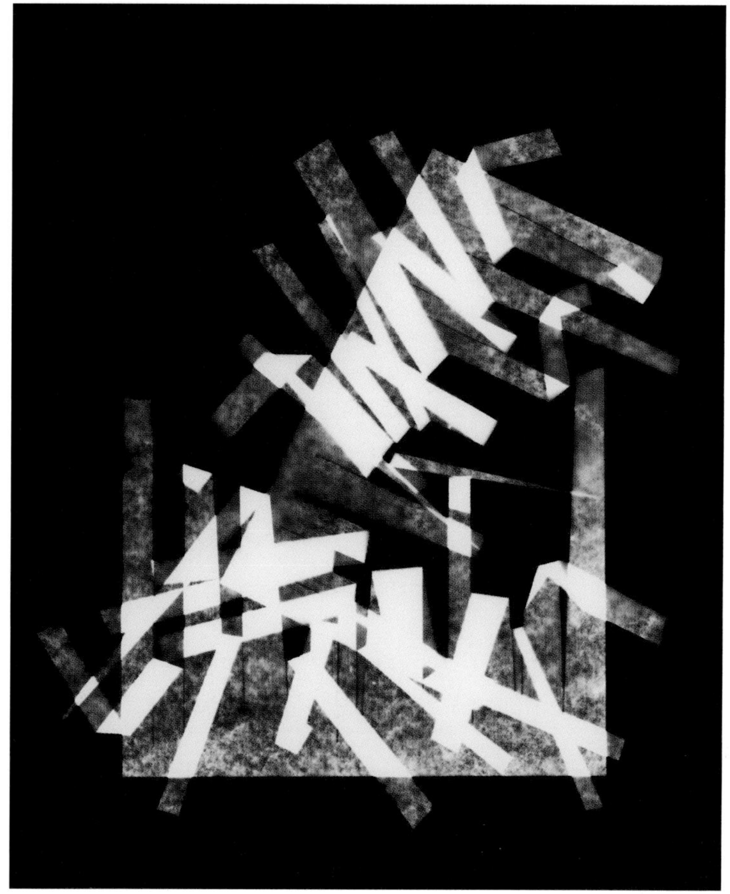

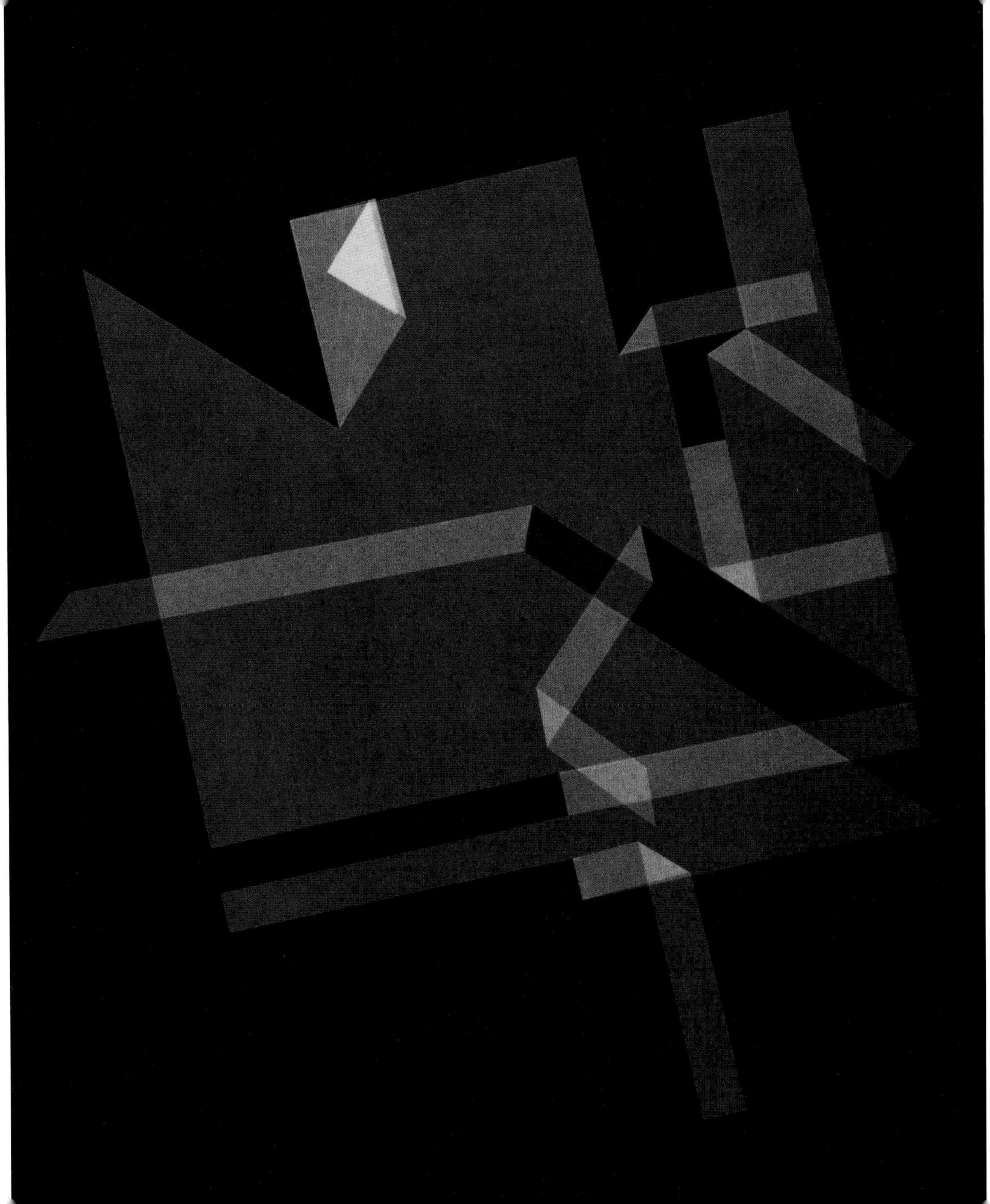

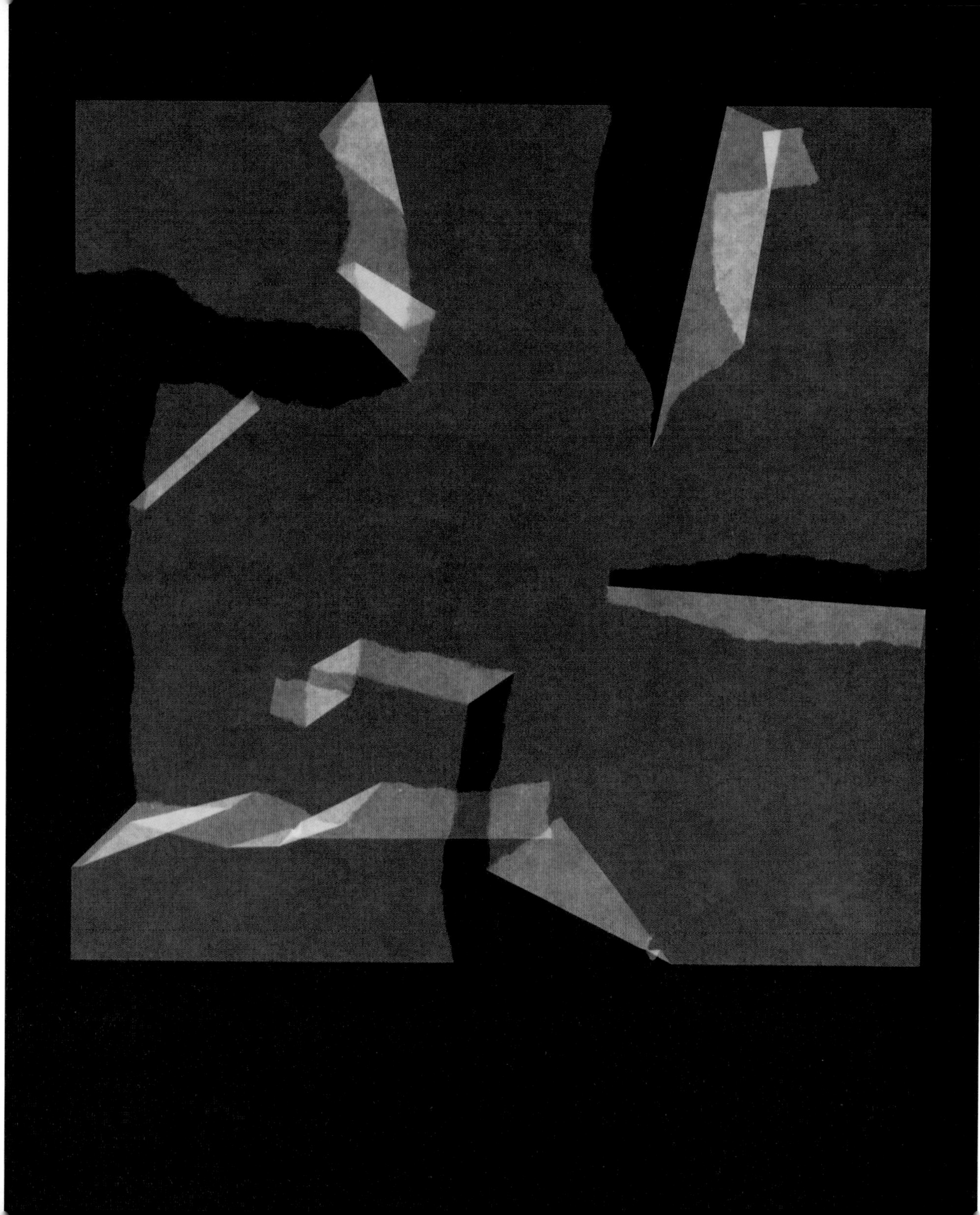

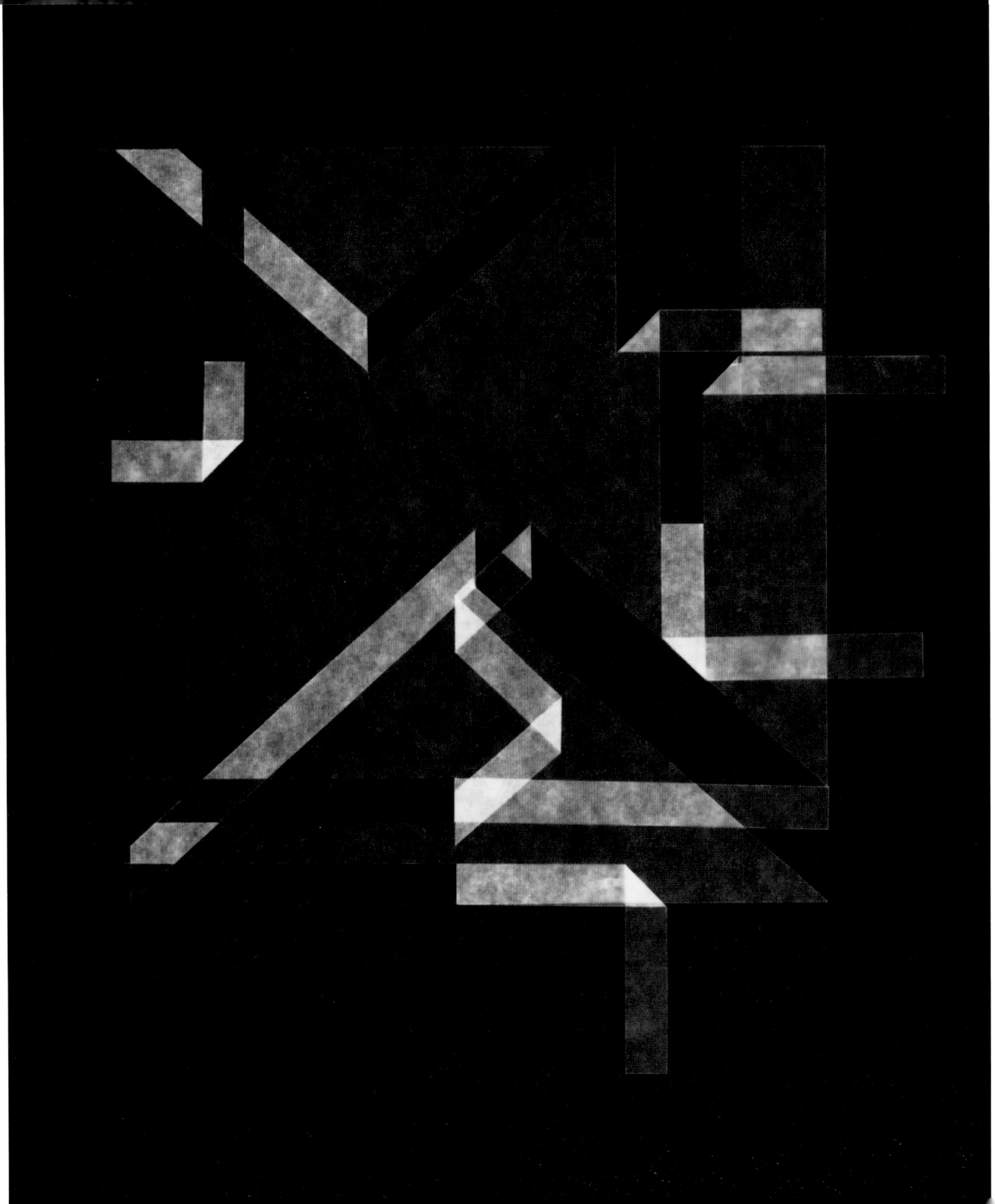

1984

Čtverec s dislokacemi / Square with Dislocations

fotogram / photogram 30 × 24 cm ▲

1984

Porušený čtverec / Damaged Square

fotogram / photogram 30 × 24 cm ▲

1984

Porušený čtverec / Damaged Square

fotogram / photogram 30 × 24 cm

1985

Forma–akce / Form–Action

fotogram / photogram 40 × 30 cm

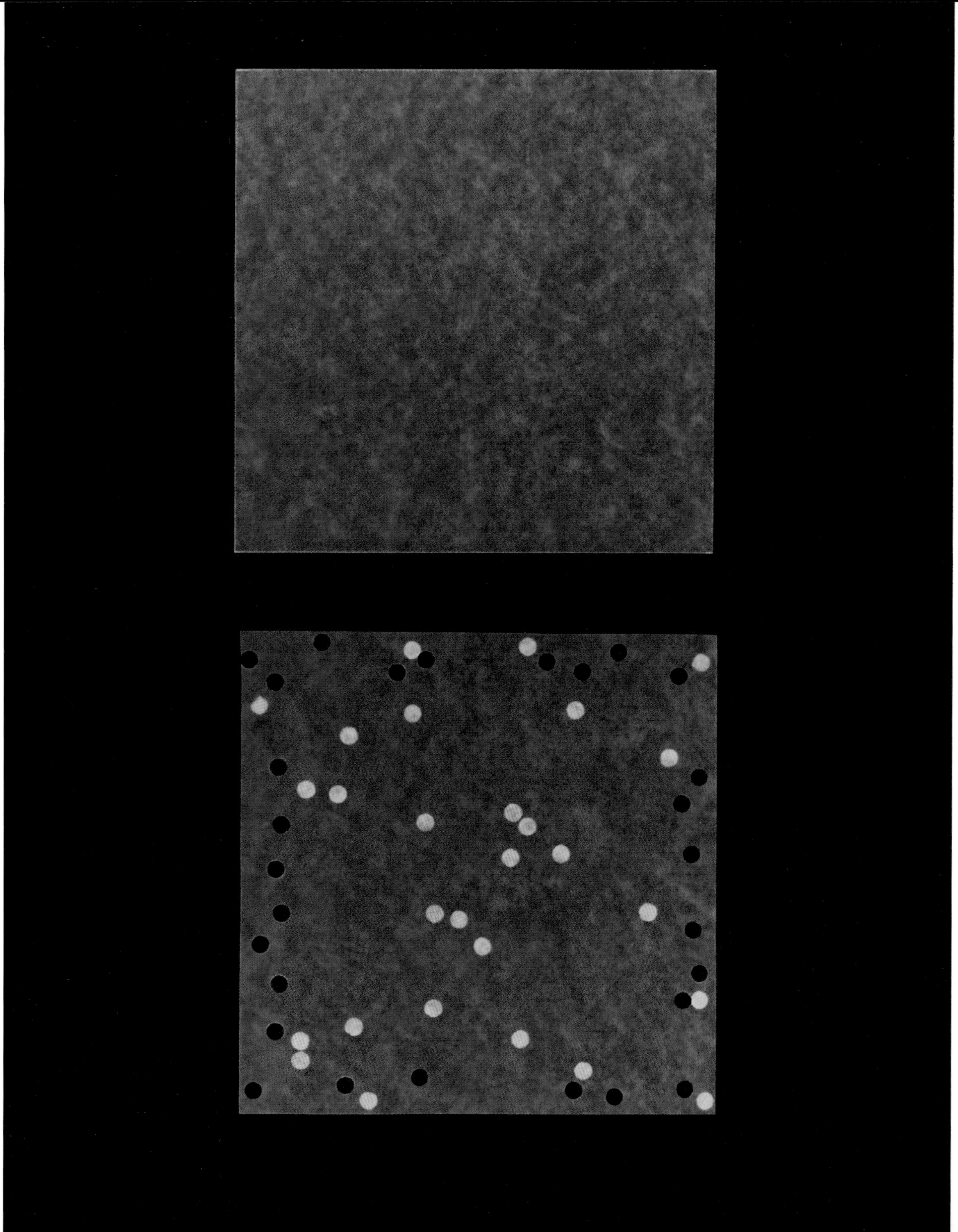

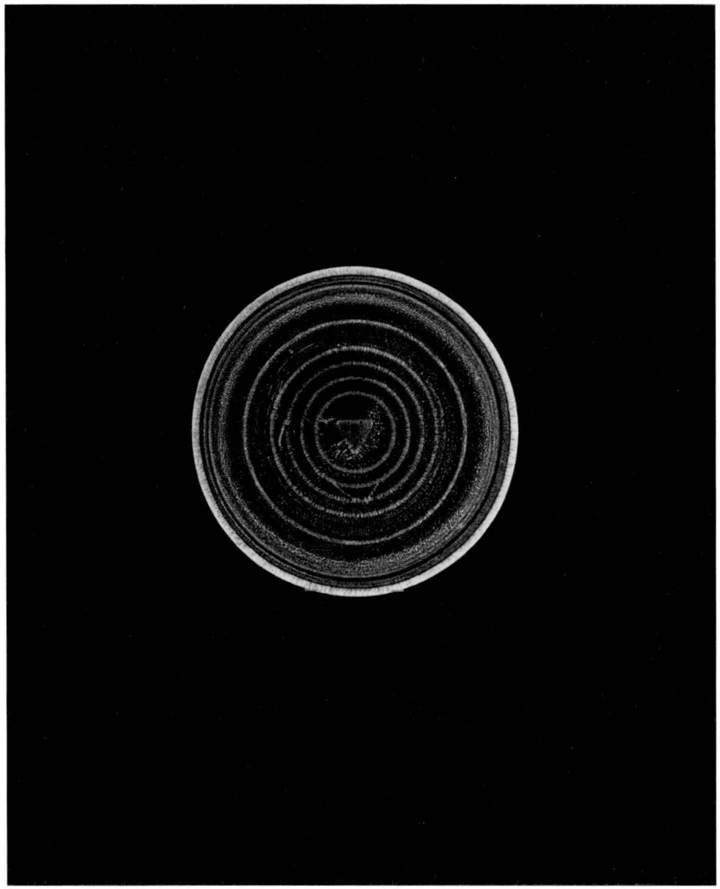

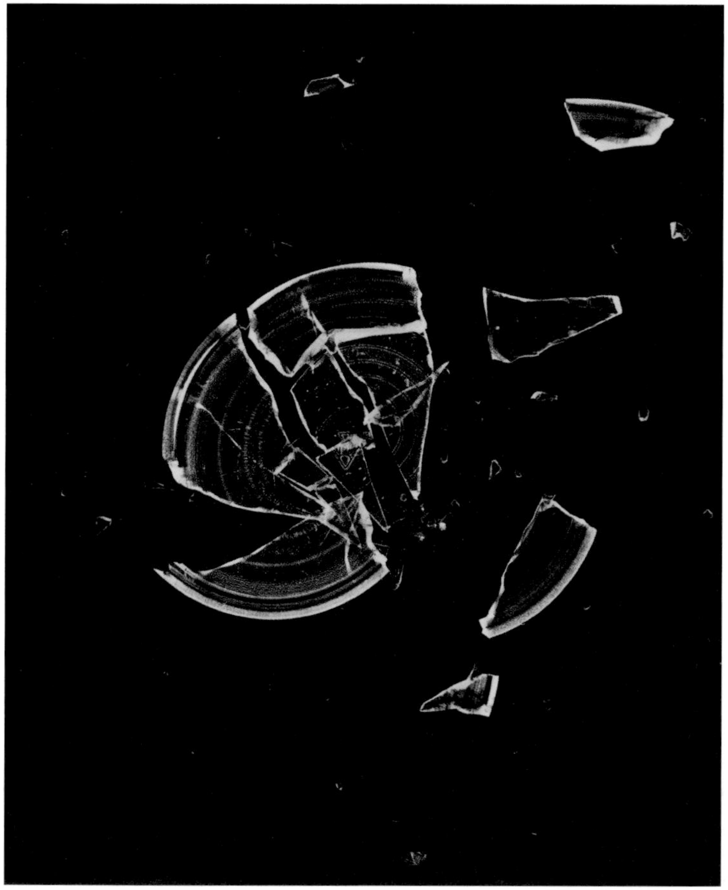

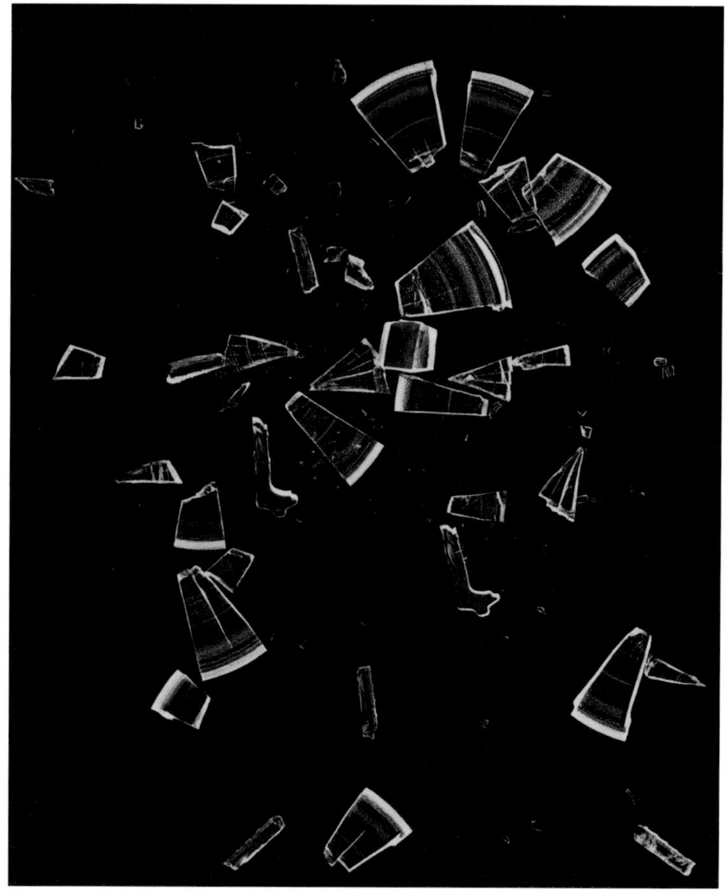

1984

02 Akce s kruhovým víčkem, fáze 1–3 / Action with Circular Lid, phases 1–3

03 fotogram / photogram 30 × 24 cm (s. / pp. 102–103)

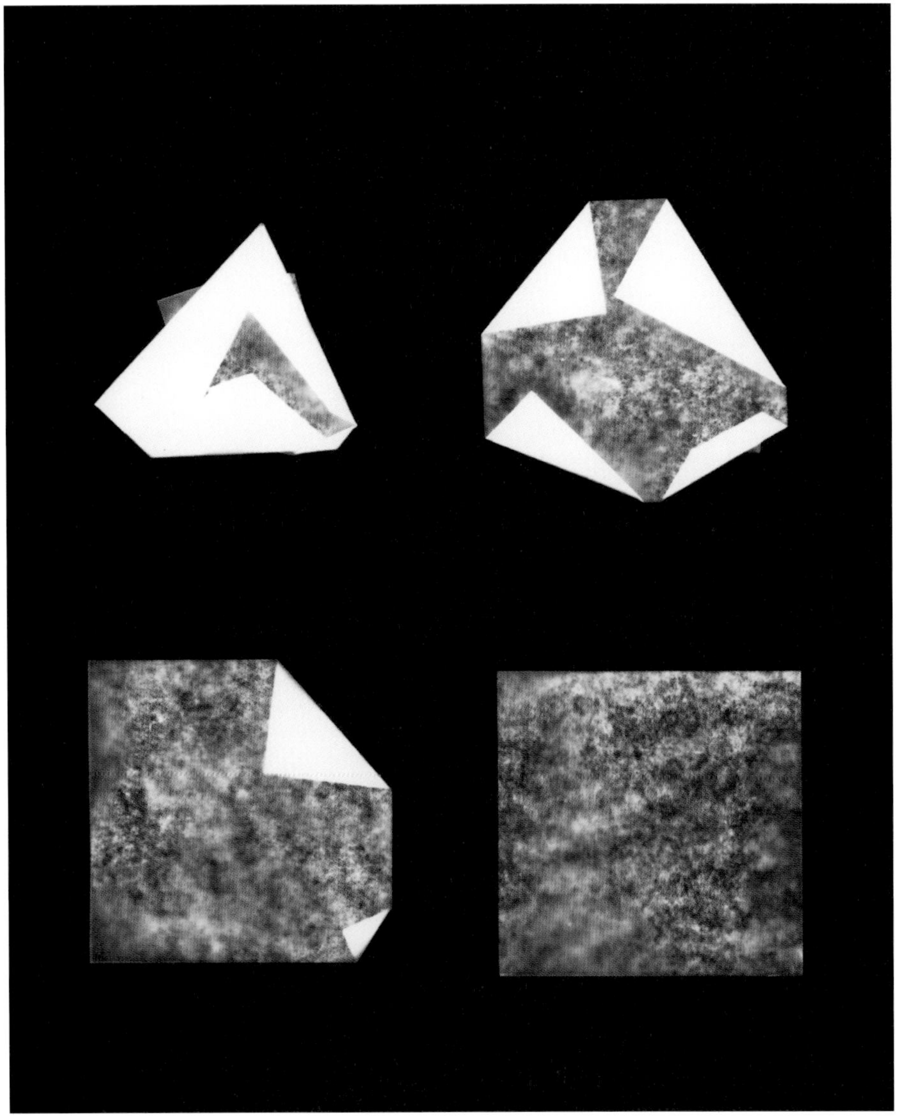

1984

Forma–akce, Akce se čtvercem

/ Form–Action, Action with Square

fotogram / photogram 30 × 24 cm

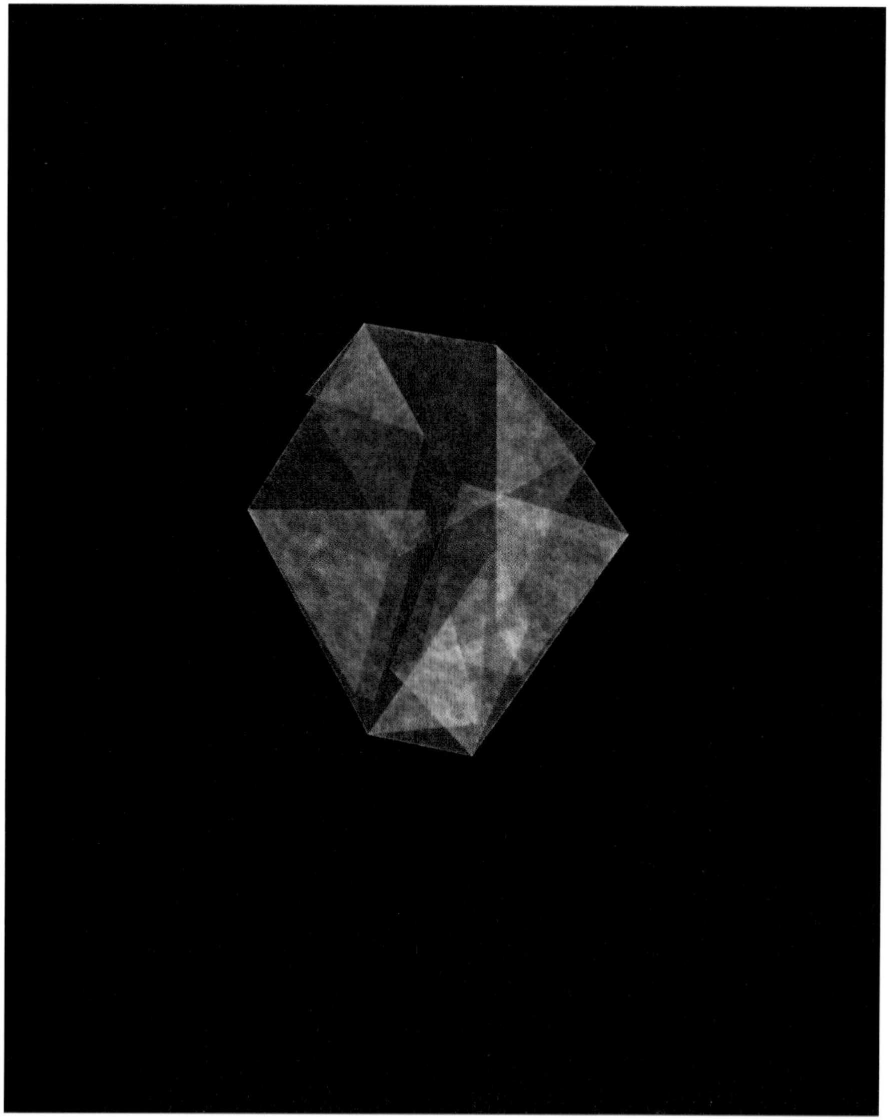

1984

Forma–akce, Zrušený čtverec / Form–Action, Abolished Square

fotogram / photogram 30 × 24 cm

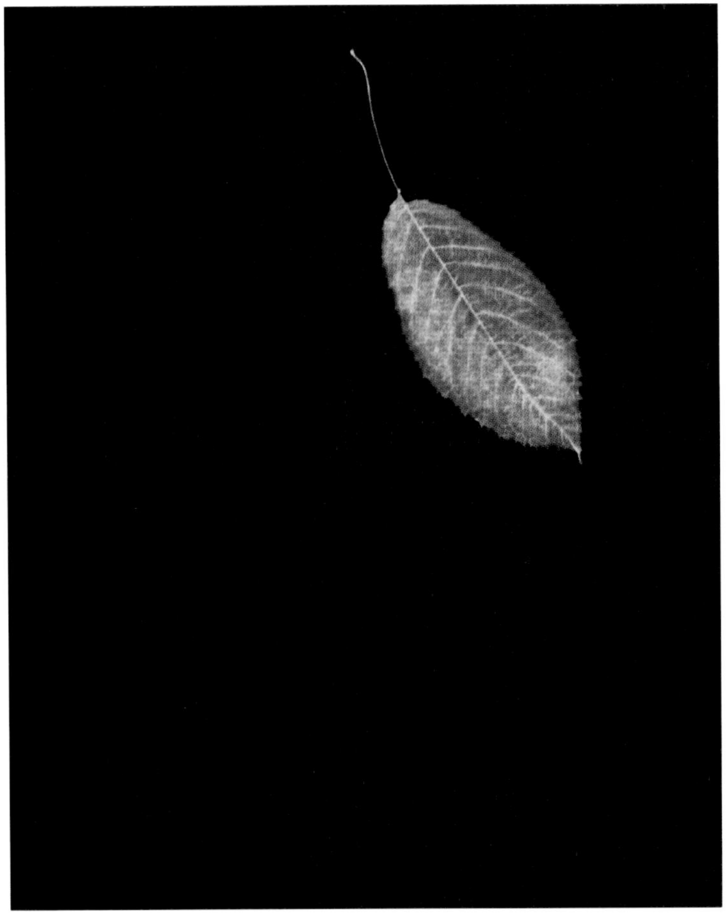

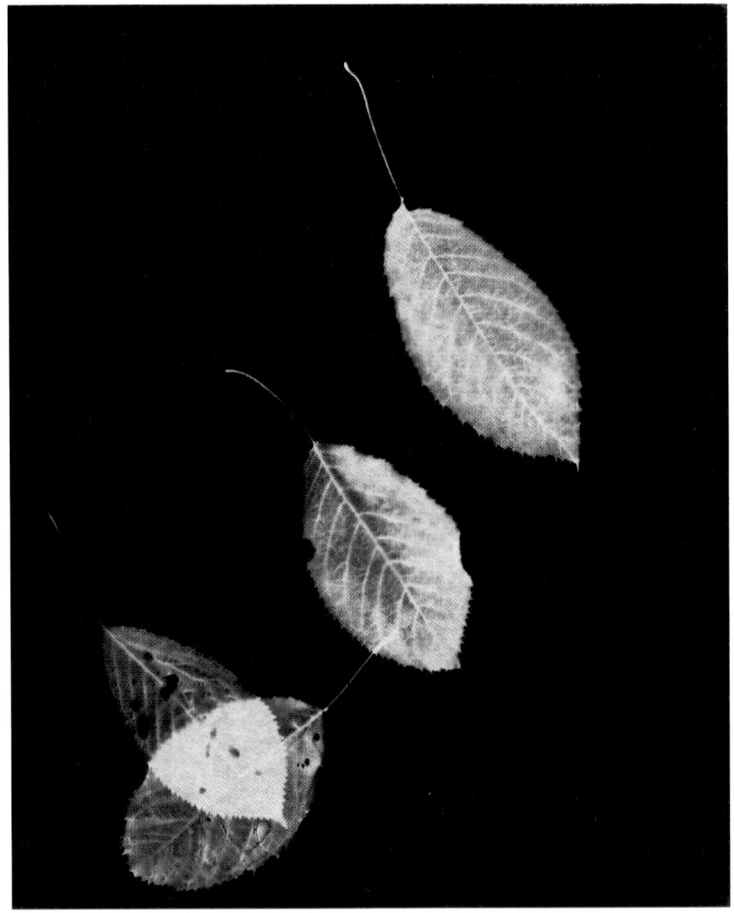

1984

Akce s listím, fáze 1–3 / Action with Leaves, phases 1–3

fotogram / photogram 30 × 24 cm (s. / pp. 106–107)

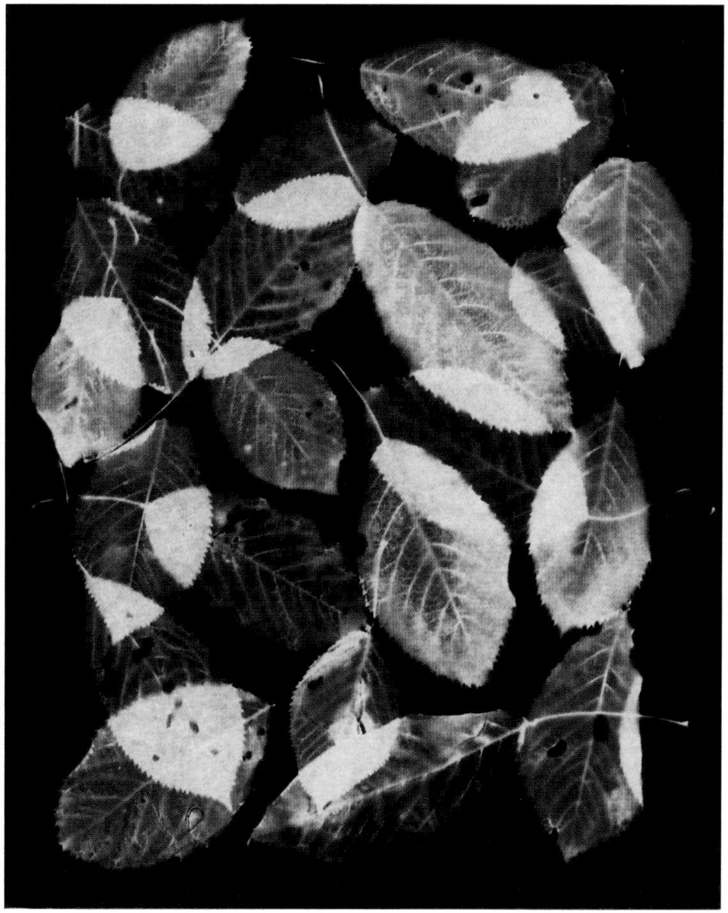

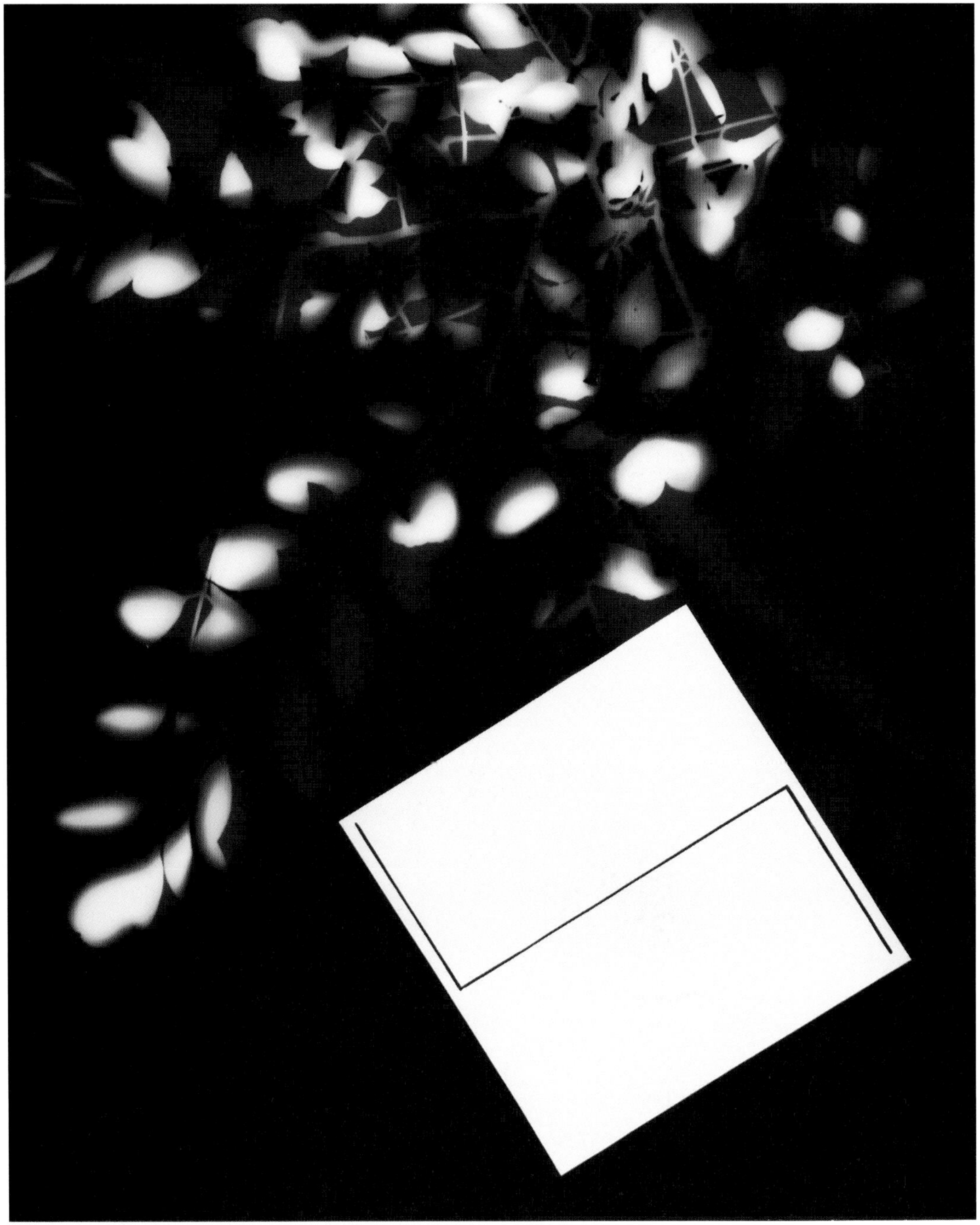

1984
Příroda–geometrie I
/ Nature–Geometry I
fotogram / photogram
30 × 24 cm

1984
Příroda–geometrie II
/ Nature–Geometry II
fotogram / photogram
30 × 24 cm

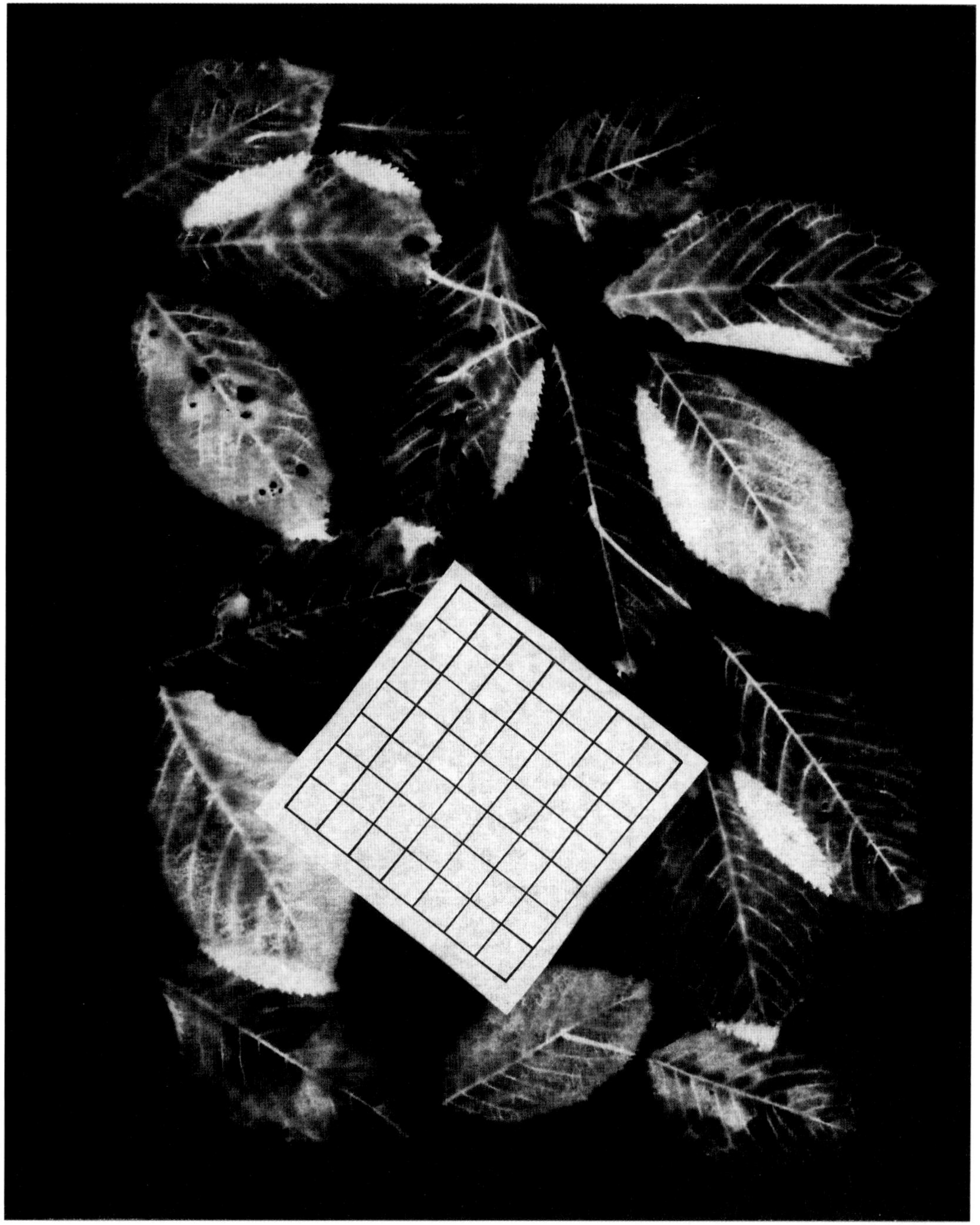

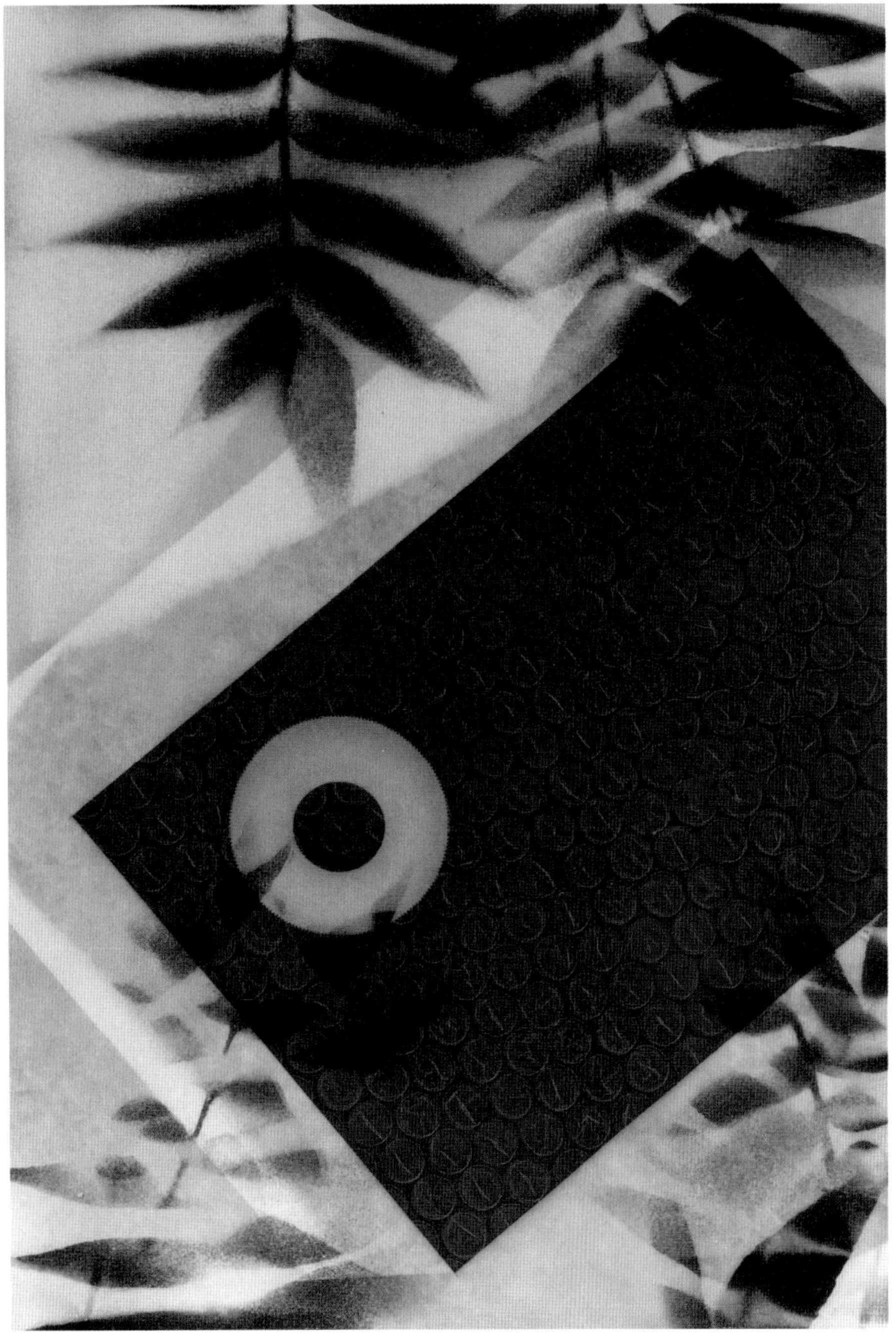

1984

Odložený objekt / Discarded Object

fotogram / photogram 40 × 30 cm

1984

Romantická událost / A Romantic Event

fotogram / photogram 40 × 29 cm

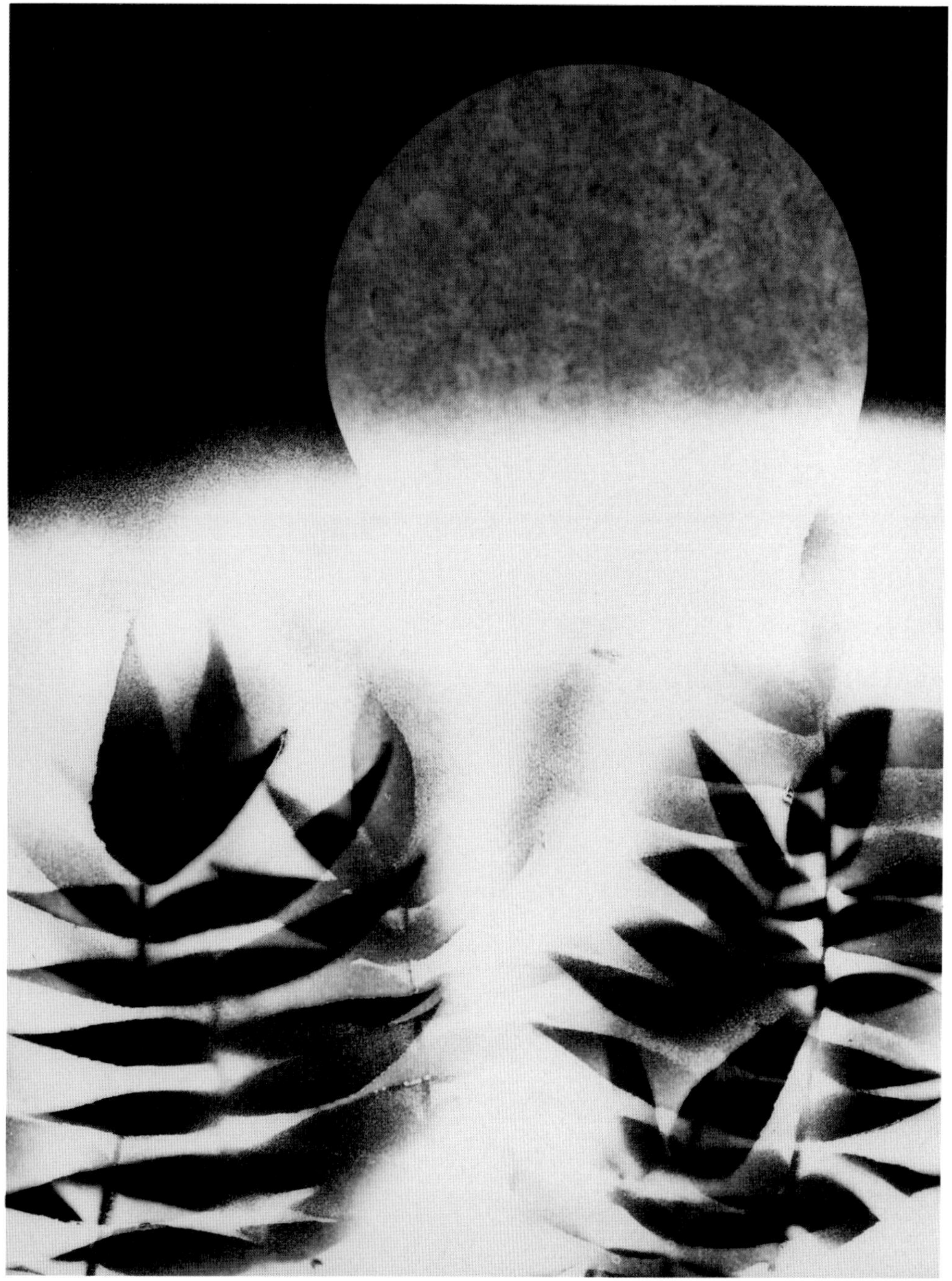

1985

Geometrie–příroda / Geometry–Nature

kombinovaná technika (kresba a sprayogram)
/ mixed media (drawing and sprayogram)

60 × 44 cm (s. / pp. 112–118)

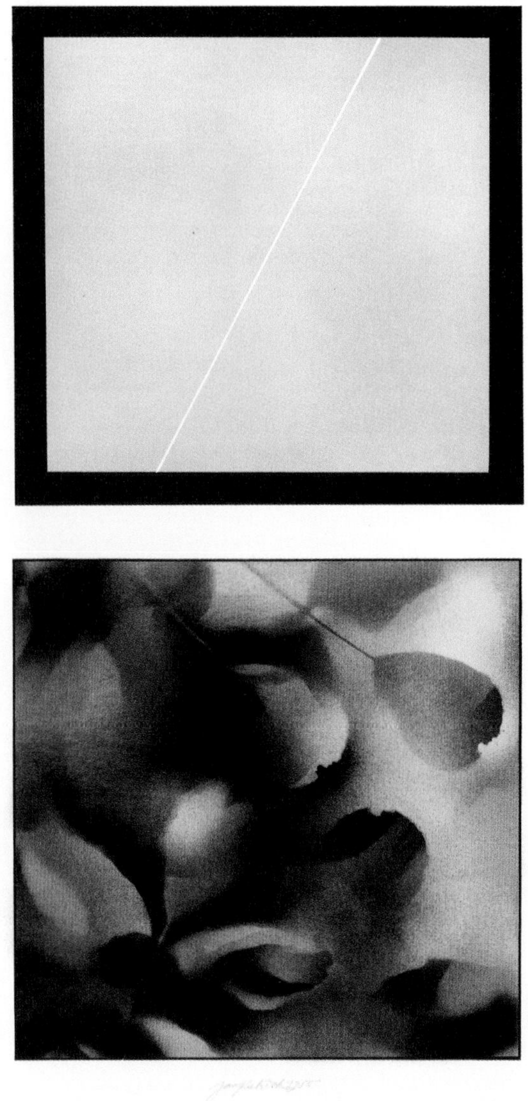

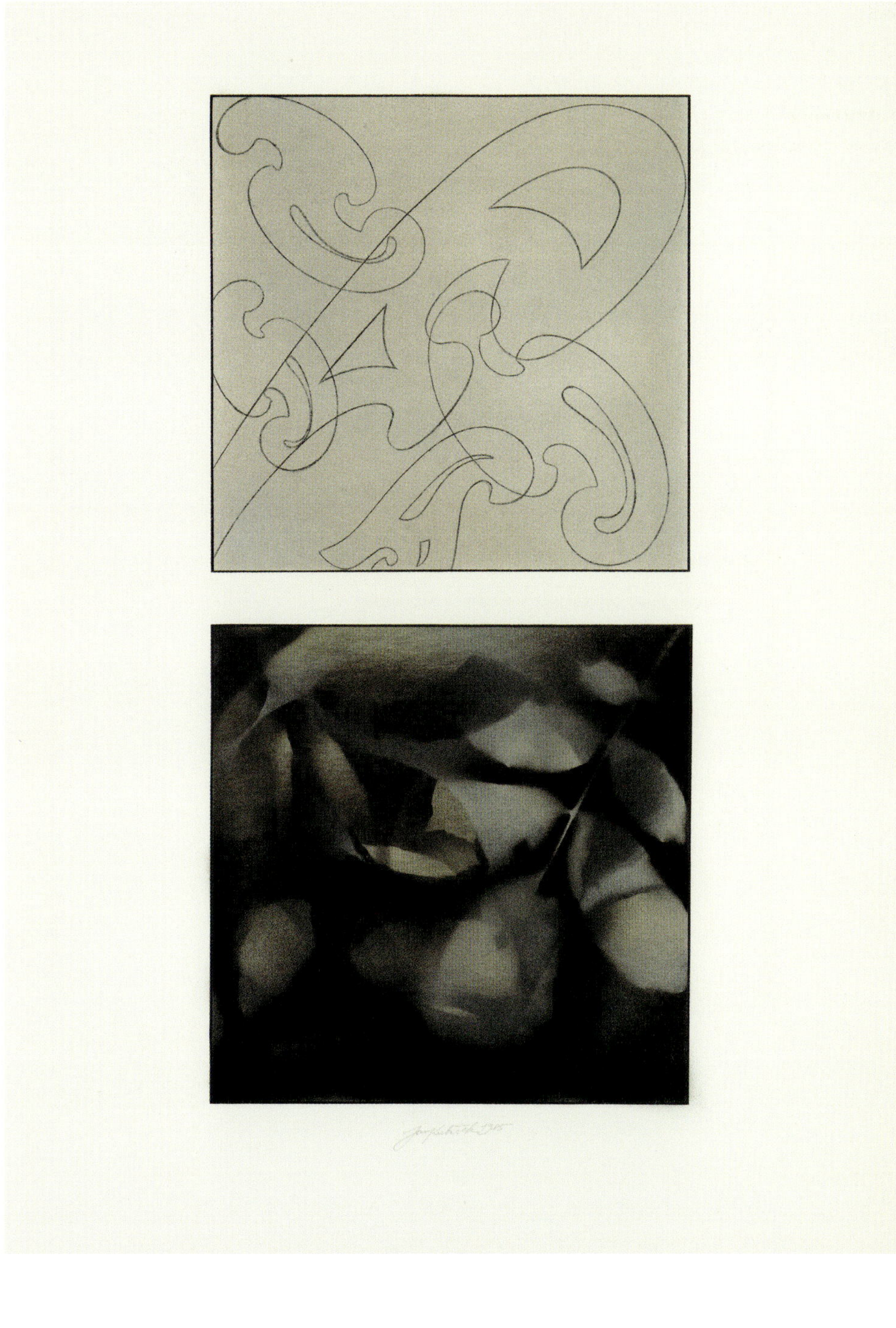

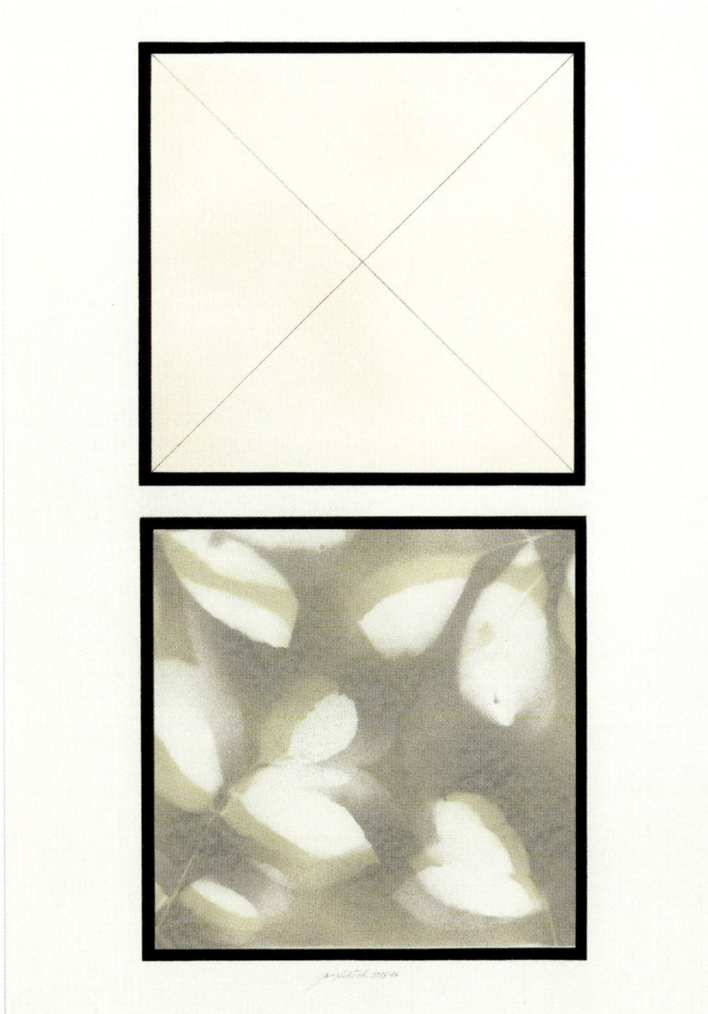

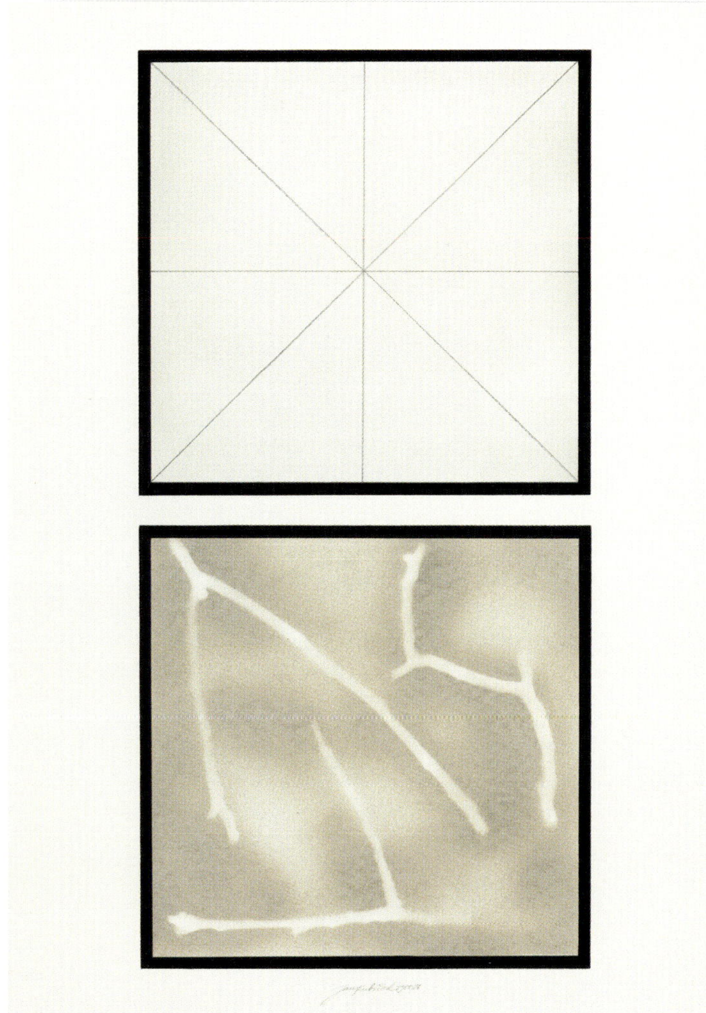

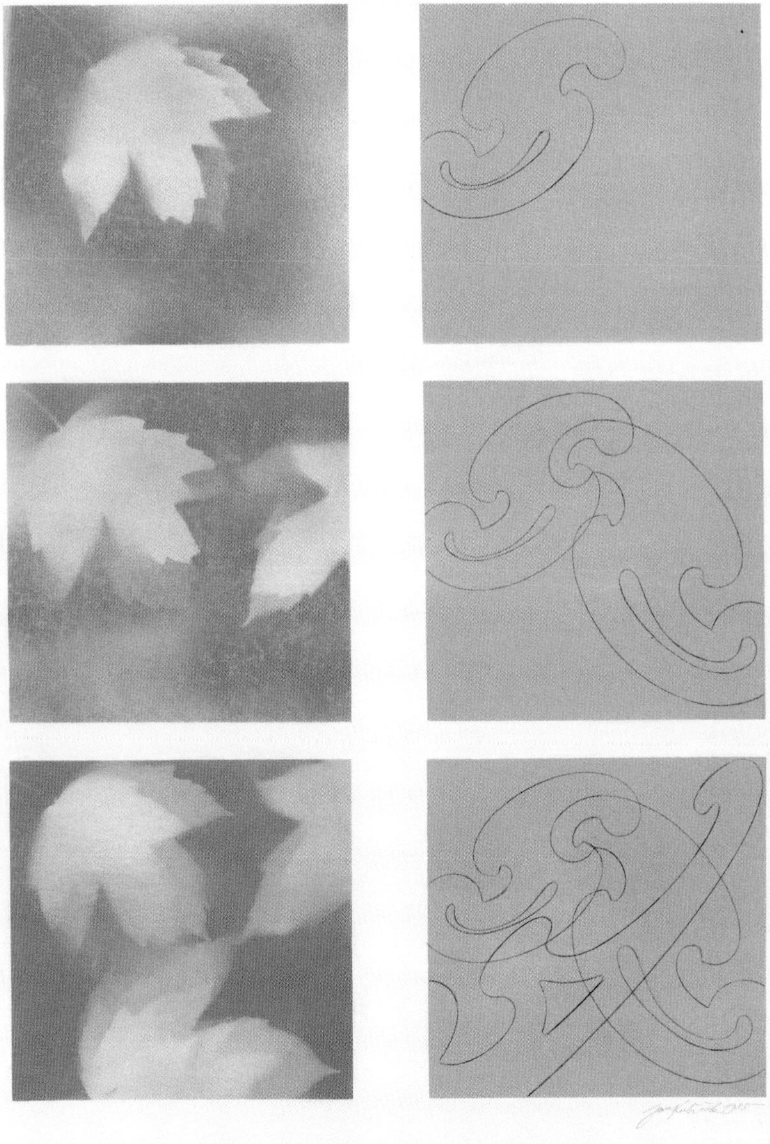

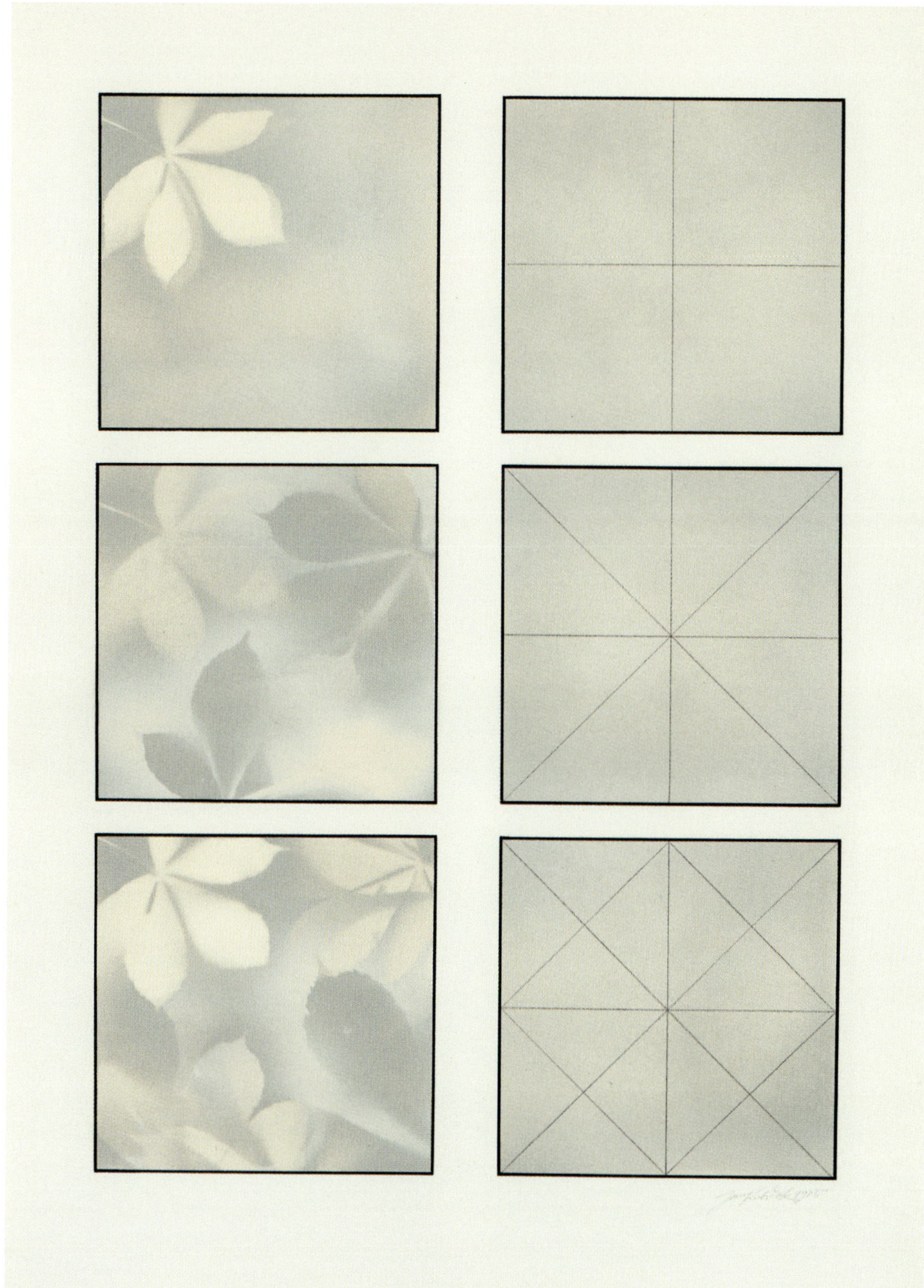

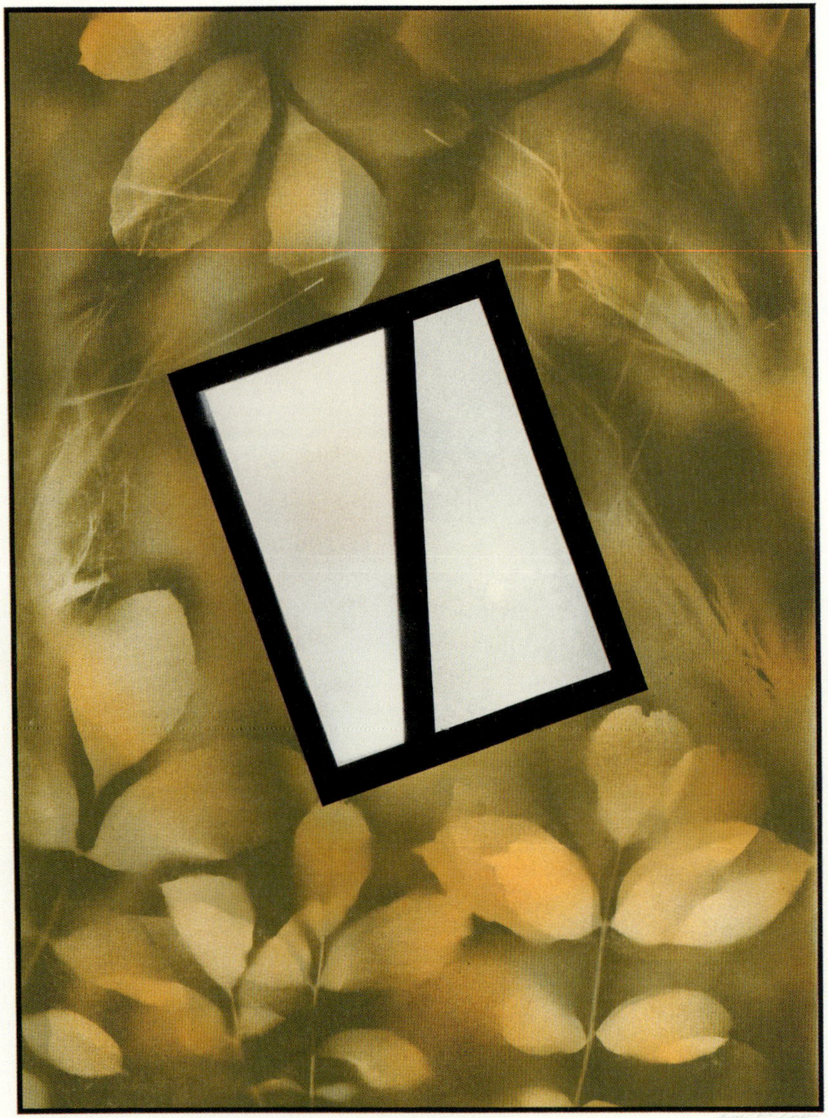

Výstavy fotografie / Photography exhibitions

1985 Jan Kubíček: Fotografie a Fotogramy. Kabinet fotografie J. Funka, Dům pánů z Kunštátu, Brno
1988 Jan Kubíček: Fotografie/Fotogramy. Malá galerie Na Hradbách, Kolín
1989 Sto padesát fotografií. Moravská galerie v Brně, Brno
2003–04 Umění je abstrakce. Česká vizuální kultura 60. let. Jízdárna Pražského hradu, Praha, Uměleckoprůmyslové muzeum, Brno, Salon Kabinet, Olomouc, Staatliches Museum für angewandte Kunst, Mnichov
2005 Česká fotografie 20. století, Uměleckoprůmyslové museum, Praha
2009 Jan Kubíček: Fotografie a fotogramy z let 1962–1985, (hlavní host 8. fotografického festivalu Funkeho Kolín). Dvořákovo muzeum Kolínska, Kolín
2010 Jan Kubíček: Cykly (1951–1985) – Fotografie. Galerie Zlatá husa, Praha
Jan Kubíček: Cykly (1951–1985) – Fotografie. Muzeum Boskovicka, Boskovice
2016 Jan Kubíček: Fotografie, Galerie Josefa Sudka, Praha
2016 Lo nunca visto, Od informelní malby po poválečnou fotografii, Fundación Juan March, Madrid
2017 Desde el centro de Europa, Fotografía checa 1912–1974 Museo Fundación Juan March, Palma, Museo de Arte abstracto (sbírka Dietmara Siegerta), Cuenca

Bibliografie / Bibliography

GABRIELOVÁ, Bronislava: Malíř, grafik, ilustrátor – fotografem. *Československá fotografie,* str. 344–348, č. 8/1985

GABRIELOVÁ, Bronislava: Výtvarné fotografie Jana Kubíčka. *Lidová demokracie,* 26. 3. 1985

DUFEK, Antonín: Tradice a současnost fotografie v ČSSR. *Bulletin Moravské galerie v Brně,* 48/1992

PRIMUS, Zdenek, DANĚK, Ladislav: *Umění je abstrakce,* KANT, Praha 2003

MUSILOVÁ, Helena: *Jan Kubíček - Stopy a záznamy - 8. fotografický festival Funkeho Kolín,* 2009, str. 9–23

ERBENOVÁ, Kristýna: *Fotografická tvorba Jana Kubíčka* (Teoretická bakalářská práce, Slezská univerzita v Opavě), 2011

PRIMUS, Zdenek, SIEGERT, Dietmar: Desde el centro de Europa, Fotografía checa 1912–1974, Fundación Juan March, Madrid, 2017

Výběr z výstav nefotografické tvorby / Selected non-photographic exhibitions

1968 Jan Kubicek. Galerie Teufel, Koblenz
1969 Jan Kubíček. Galerie Václava Špály, Praha
1990 Jan Kubíček: Bilder - objekte - zeichnungen. Galerie Hoffmann, Friedberg, (1968–90)
1992 Jan Kubíček: Principy, systémy, konstrukce. Dům umění města Brna, Brno
1993 Jan Kubíček: Gemälde 1958–1993. Wilhelm-Hack-Museum, Ludwigshafen am Rhein, Německo
1995 Jan Kubíček: Systémy a série. Výstavní síň Husova, Praha
2000 Jan Kubíček: Forma, projekt, řád. Galerie Václava Špály, Praha
2012 Jan Kubíček: Cena Vladimíra Boudníka 1999. Staroměstská radnice, Praha
2012 Jan Kubíček: Systémy a geokonstrukce. Museum Kampa, Praha
2014 Jan Kubíček: Retrospektiva. Galerie hlavního města Prahy, Praha
2015 Jan Kubíček: Ein tschechischer Konstruktivist. Angermuseum Erfurt
2016 Jan Kubíček: Ein Prager Konstruktivist. Hubertus Schoeller Stiftung, Düren

JAN KUBÍČEK_fotografie / photographs

grafická úprava / graphic design: Karel Štědrý
texty / texts: Jan Kubíček, Helena Musilová
překlady / translations: Stephan von Pohl
jazyková korektura / proof-reading: Eva Hrubá
předtisková příprava / pre-press: KANT
tisk / printed by: PB tisk, a.s., Příbram
vydal / published by: Karel Kerlický – KANT, 2019
www.kant-books.cz
příprava textů a výběr fotografií
/ preparation of texts and selection of photographs: Kateřina Zvelebilová

Všechny fotografie a fotogramy v této publikaci jsou z pozůstalosti autora.
/ All the photographs and photograms in this publication are from the artist's estate.

Pokud není v popisku pod reprodukcí uvedeno jinak, jde o černobílé fotografie s více variantami pozitivů různých rozměrů. / Unless indicated otherwise in the photo caption, the reproduced images are black-and-white photographs with multiple positive prints of various dimensions.

ISBN: 978-80-7437-307-7